POLYGLOTT on tour

Kreta

W0178671

Die Autoren
Gerhard Crispin
Claudia Christoffel-Crispin

Unser E-Book-Code zur elektronischen Erweiterung des POLYGLOTT on tour. Das kostenlose E-Book enthält die im Reiseführer aufgeführten Adressen entlang der Touren, beispielsweise zu Essen und Trinken, Shoppen, Aktivitäten und Hotel-Tipps. Links auf einen externen Kartendienst vereinfachen das Auffinden dieser Adressen.

Mit großer Faltkarte
& 80 Stickern
für die individuelle Planung

www.polyglott.de

6 Typisch

20 Reiseplanung & Adressen

32 Land & Leute

SYMBOLE ALLGEMEIN

 Besondere Tipps der Autoren

 Specials zu besonderen
Aktivitäten und Erlebnissen

 Spannende Anekdoten
zum Reiseziel

 Top-Highlights und

Highlights der Destination

50 Top-Touren & Sehenswertes

	TOUR-SYMBOLE		**PREIS-SYMBOLE**	
❶	Die POLYGLOTT-Touren		Hotel	Restaurant
6	Stationen einer Tour	€	DZ	Hauptgericht
①	Hinweis auf 50 Dinge	€€	bis 50 EUR	bis 10 EUR
[A1]	Die Koordinate verweist auf	€€€	50 bis 100 EUR	10 bis 20 EUR
	die Platzierung in der Faltkarte		über 100 EUR	über 20 EUR
[a1]	Platzierung Rückseite Faltkarte			

Zeichenerklärung der Karten

☐	beschriebene Region (Seite=Kapitelanfang)
🔟 Ⓔ 🄷	Sehenswürdigkeiten
➍	Tourenvorschlag

≈≈≈	Autobahn
⋯⋯⋯	Schnellstraße
———	Hauptstraße
———	sonstige Straßen
———	Fußgängerzone
▬▬▬	Eisenbahn
▬▬▬	Staatsgrenze
– – –	Landesgrenze
▬ ▬ ▬	Nationalparkgrenze

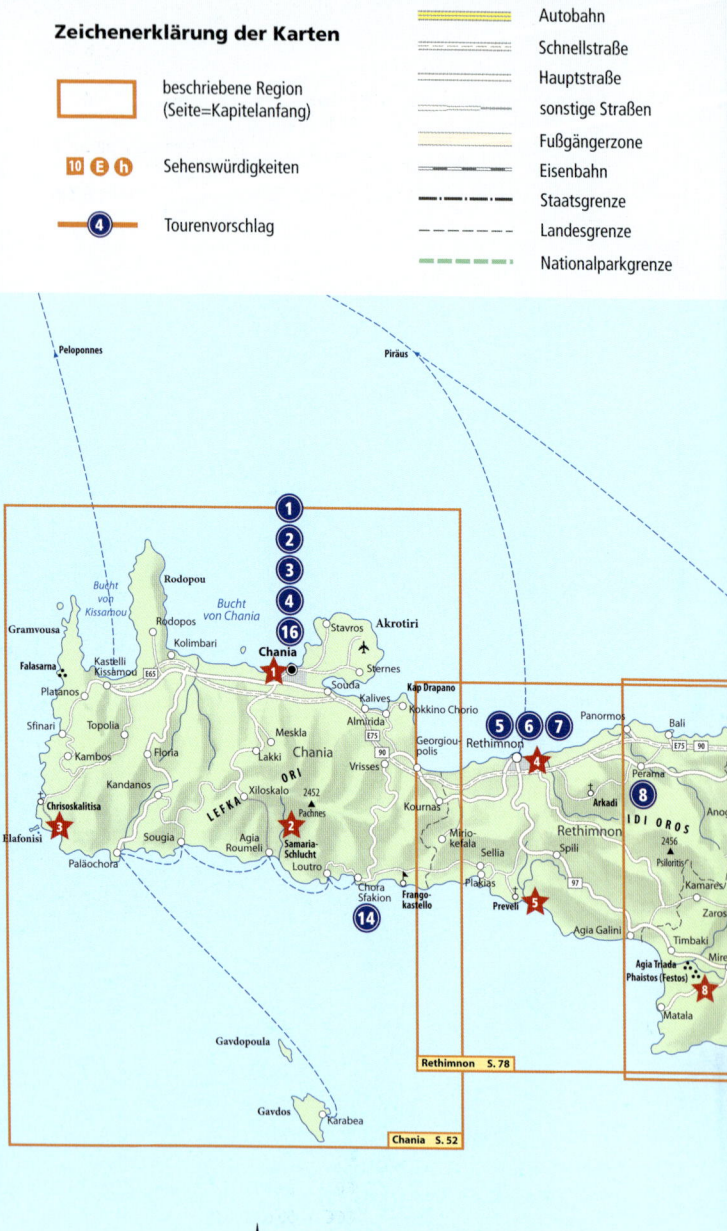

4

Top 12 Highlights

1 Venezianischer Hafen, Chania › S. 62

2 Samaria-Schlucht › S. 70

3 Elafonisi › S. 77

4 Venezianischer Hafen, Rethimnon › S. 85

5 Preveli › S. 92

6 Archäologisches Museum, Iraklion › S. 99

7 Knossos › S. 109

8 Phaistos (Festos) › S. 119

9 Voulismeni-See, Agios Nikolaos › S. 130

10 Lassithi-Hochebene › S. 134

11 Palmenstrand von Vaï › S. 139

12 Palast von Kato Zakros › S. 140

1 Touren-Start

Perfekte Planung
Parallel Klappe vorne links aufschlagen

KRETISCHES MEER

Thira

Rhodes

Rhodes

Kreta

Dia

Agia Pelagia

Fodele

Tilisos

6 **9** **10** **13** **15**
Iraklion

Knossos **7**

Amnissos

Epano Archanes

Kastelli

Arkalochori

Iraklion

Agia Varvara

Gortis

Agii Deka

Tsoutsouros

Chersonissos

Malia

Avdou Neapoli

Psichro Tsermiado

Dikteo Andro

Lassithi Hochebene **10**

Kritsa

Ano Vianos

Arvi

Keratokambos

Mirtos

Ierapetra

Chrissi

Iraklion S. 94

Elounda

Lato

Agios Nikolaos **9**

11 **12**

Gournia

Kato Chorio

Spinalonga

Golf von Mirabello

Mochlos

Makrigialos

Koufonisi

Dragonada

Gianisada

Toplou

Sitia

Piskokefalo

Zakros

Lassithi

Elassa

Itanos

Vaï **11**

Palekastro

Kato Zakros **12**

Lassithi S. 124

DIKTI OROS

Fournou Korifi

MITTELMEER

5

Glasklares Wasser und zauberhafte Buchten
locken Jahr für Jahr viele Badegäste an

TYPISCH

Kreta ist eine Reise wert!

Strände und Meer, Wein und Oliven, minoische Paläste und venezianische Häfen – ist das nicht ein idealer Mix, um seinen ureigenen Traum von Urlaub zu verwirklichen? Die herrlichen Buchten und Berglandschaften Kretas bieten ideale Möglichkeiten für abwechslungsreiche Ferien.

Die Autoren **Gerhard Crispin** und **Claudia Christoffel-Crispin** reisen seit 1982 immer wieder nach Kreta. Die Insel und ihre Menschen haben der Journalist und die Politologin durch ihre kretischen Freunde intensiv kennengelernt. Da endet mancher Trip erst, wenn keine Straße weiter in die einsamen Berge führt. Oder in einer Taverne am Meer, auf dem Tisch ein Korb mit Brot und unter dem Tisch die Füße im Sand.

Ach Gott, eine Touristenfalle! Wir wollten doch eine authentische Taverne finden. Aber nach unserem ersten Bummel durch Rethimnons Altstadt, der nun schon so viele Jahre zurückliegt, sind wir einfach müde und zu hungrig, um weiterzugehen. Schlapp sinken wir auf die kleinen harten Holzstühle. Die Lehne drückt ein bisschen im Rücken. Ein junger Kellner bringt die Speisekarte raus. Wir sitzen vor einer Taverne mit Livemusik am Hafen und bestellen Souvlaki, Salat und etwas Wein. Noch bevor die Weinkaraffe geleert ist, erklingt drinnen Musik,

In der Mittagshitze sucht man sich am besten ein schattiges Plätzchen

In der Vorsaison genießen wir die noch weitgehend leeren Strände

auch nicht falsch. Denn verlockende Strände, hübsche Badebuchten und glasklares Wasser, das zum Baden und Schnorcheln geradezu einlädt, machen Kreta zu einer Top-Wahl für den Sommerurlaub. Doch natürlich bietet der kleine »griechische Kontinent« viel mehr als nur die Möglichkeit, sich genüsslich auf einer Sonnenliege zu räkeln: darunter fantastische Naturlandschaften, eine einsame Bergwelt und hervorragende Wandermöglichkeiten sowie ein reiches kulturelles Erbe. Wobei sich die größte Insel des griechischen Archipels vom Rest Griechenlands alleine dadurch unterscheidet, dass der Ursprung minoisch ist. Statt Tempeln und Säulen findet man hier die Reste minoischer Paläste – eine Besichtigung von Knossos, dem rekonstruierten Palast nahe Iraklion, darf natürlich bei keiner Kreta-Reise fehlen. Dabei erfährt der Besucher, dass die minoischen Paläste einst

eigentlich viel zu früh für kretische Verhältnisse! Bestimmt eine der üblichen Shows für Touristen. Doch die Musik zieht uns dann magisch hinein in die schummrige Taverne. Wir sind neugierig und wollen sehen, wer da spielt. Drei Männer: einer an der Lyra, einer an der Laouto, während der dritte sich die Seele aus dem Leib singt. Und überraschenderweise derart gut und authentisch, dass wir bleiben, bis die Taverne geschlossen wird. Die Melodien sind fremd, leidenschaftlich, vereinen Tragödie mit Temperament. Leute kommen rein, gehen raus, wir bleiben. Noch ganz neu auf Kreta, aber auf dem Weg, diese Insel zu erforschen, mit allen Sinnen erleben und verstehen zu wollen. Was für ein Auftakt!

Wer an Kreta denkt, hat oft ein Bild von Sonne, Sand und Meer vor Augen. Ein Urlaubsparadies, das in erster Linie herrliche Badefreuden verspricht. Und dieses Bild ist definitiv

Dakos sieht gut aus und schmeckt uns immer wieder ganz vorzüglich

Diese Tische warten schon am Hafen von Chania auf uns

schlicht, um sie Gästen servieren zu können. Aber seit ein paar Jahren entdeckt Kreta sich selbst wieder. Erkennt, wie gern die alltäglichen Gerichte auch von Touristen gegessen werden.

Wer die kleinen Dörfer besucht, begibt sich auf eine Zeitreise. Denn hier gibt es sie noch: die typischen *kafenia,* in denen die alten Männer tagsüber stundenlang auf wackeligen Holzstühlen sitzen, den neuesten Dorftratsch besprechen und ihren *kafe elliniko* aus winzigen Tässchen trinken. In Iraklion wurden aus vielen dieser alten *kafenia,* die eine Institution darstell(t)en, mittlerweile Cafés mit modernen, bequemen Lounge-Möbeln. Edel. Aber der *elliniko* wird noch immer in den dicken Tässchen serviert, und der Kellner fragt selbstverständlich, wie der griechische Mokka sein soll: stark und süß, ganz ohne Zucker oder *metrio.*

Sie haben die Wahl. Nicht nur beim Kaffee. Rave-Klub oder kretischer Abend? Stilvolles Abendessen bei Kerzenschein oder typische Taverne, wo innen der Fernseher brummt? Durch die Samaria-Schlucht wandern oder unter Palmen bei Vaï dösen? Eigene Fotos von griechisch-orthodoxen Klöstern posten oder Selfies mit Sonnenbrille?

Kreta hat so viel zu bieten, ist leicht zu entdecken und schwer zu vergessen. Als wir damals die Insel verließen, hatten wir eine Musikkassette im Gepäck: kretische Lieder mit Lyra und Laouto.

wie ein Labyrinth angelegt wurden. Entdecken Sie das kretische Labyrinth unserer Tage, ein prickelnder Mix aus Tradition und Trends.

Dafür bietet sich Chania an der Nordküste Kretas ganz besonders an. Die Stadt mit dem wunderschönen Hafen, an dem die Chanioten abends die typische *volta,* einen gemütlichen Spaziergang im gelassenen Tempo der Kreter, machen. Überall erblickt man Reste der Vergangenheit. Eine alte Mosche steht nahe der Kaimauer, geht man hinein, findet man sich in einer Galerie für zeitgenössische Malerei wieder. Chanias neuester Hit sind die schicken Restaurants, die in Hausruinen ihre Tische aufstellen und den morbiden Charme des Verfalls zelebrieren. Auf der Speisekarte findet sich neben zahlreichen anderen Köstlichkeiten der griechischen Küche auch *Dakos,* eine kretische Spezialität: Eine Mischung aus Feta, Tomaten, Oregano und Olivenöl auf zwiebackähnlichem Brot. Sie war lange vergessen und galt als zu

Reisebarometer

Was macht Kreta so besonders? Lange Sandstrände, karstige Berge, wildromantische Schluchten, minoische Paläste und einzigartige Museumsschätze. Außerdem die Tavernen in den Häfen von Chania und Rethimnon und die Musik mit Lyra und Laouto.

Beeindruckende Landschaft
Zwischen Kretischem und Libyschem Meer ein Gebirge

Museen und Klöster
Minoische Kultur und griechisch-orthodoxe Klöster in zauberhafter Lage

Archäologische Grabungsstätten
Jahrtausendealte Ruinen vor großer Kulisse

Gastronomische Vielfalt
Spezialitäten, Typisches vom Grill, aber auch Fast Food

Spaß und Abwechslung für Kinder
Strandvergnügen, Wasserparks und Sportangebote

Shopping
Kunsthandwerk und ein großes Angebot an Souvenirs

Wandern
Nach Fähigkeiten: leicht am Strand oder extrem am Berg

Sportliche Aktivitäten
Schwimmen, Tauchen, Surfen: Wassersport ist »in«

Sonne und Strand
Baden und Relaxen an Stränden und Buchten

Preis-Leistungs-Verhältnis
Seit der Mehrwertsteuererhöhung auf 23 % sind viele Produkte teurer.

● = gut   ●●●●● = übertrifft alle Erwartungen

50 Dinge, die Sie ...

Hier wird entdeckt, probiert, gestaunt, Urlaubserinnerungen werden gesammelt und Fettnäpfe clever umgangen. Diese Tipps machen Lust auf mehr und lassen Sie die ganz typischen Seiten erleben. Viel Spaß dabei!

... erleben sollten

(1) Mit dem Zweirad in die Weißen Berge Tolle Landschaftsimpressionen verspricht die Tagestour von Chania in die Lefka Ori. Mopeds gibt es am Hafen bei Greenway Car Hire [b1] (Tel. 28 31 07 24 40, ab 30 €). Dann geht es Richtung Omalos bis Zourva, wo die Taverne Rizinha mit Panoramafenster auf einen wartet.

(2) Auf Tauchstation Eine faszinierende Unterwasserwelt bietet sich Tauchern vor Kretas Küste. Also nichts wie rein in den Taucheranzug, Flossen an und ab in die Fluten. Die Tauchschule Omega Divers › S. 65 (Almirida, 565, Tel. 28 25 03 14 12, www.omegadivers.com) bietet Tauchgänge für Anfänger und Fortgeschrittene an; ab 35 €.

(3) Bikevergnügen Für Rennradfahrer ist die alte, nahezu autofreie Küstenstraße von Agios Nikolaos nach Istro der Bikertraum schlechthin. Räder kann man im Hotel Sunlight [M4] ausleihen (Ag. Nikolaos, Lenika, Tel. 28 41 02 66 22). 25 €/Tag.

(4) Sirtaki tanzen am Strand Bei Stavros › S. 64 wurde 1964 die legendäre Tanzszene mit Alexis Sorbas (Antony Quinn) und dem Schriftsteller Basil (Alan Bates) zur Musik von Mikis Theodorakis gedreht. Sie kriegen das hin, der Engländer hat's auch geschafft! Wer vorher üben will: Das Griechische Zentrum für Tanz › S. 30 veranstaltet kretische Tanzkurse in Plakias › S. 93.

(5) Rausch der Geschwindigkeit Kretas Nordküste ist ein Paradies für Windsurfer, die sich vor allem bei Palekastro › S. 139 tummeln. Wer die ersten wackligen Surfversuche unternehmen möchte, der kann das z. B. am Kouremenos-Strand bei der Surf-Station Unterweger tun (www.sunandfun.com). 2 Std. 60 €.

(6) Aufgesattelt Im Galopp am Strand entlang oder geruhsam durchs Hinterland: Ausritte bietet Alianthos Stables [F4] in Plakias (www.cretehorseriding.com). 25 €/Std.

(7) Die Schlucht der Eremiten Rund 12 km lang (hin und zurück) ist die Wanderung zur Schlucht der Eremiten (Agio Farango) [H6] südlich von Matala › S. 122, die durch Olivenhaine und Flussbetten zu den Höhlen führt, in denen von frühchristlicher Zeit an bis zum Ende des letzten Jhs. Einsiedler lebten, Badestopp am Meer inklusive. Proviant und Wasser nicht vergessen!

⑧ Lyraklänge live Wenn am Abend die Musiker ihre Instrumente stimmen und im Ta Chalkina › **S. 64**, einer beliebten Taverne in Chania kretische Musik erklingt, erlebt man das authentische Kreta. Lassen Sie sich hineinziehen (Akti Tompazi 29–30)!

⑨ Mit Pinsel und Staffelei Unter der Anleitung eines Künstlers lassen sich traumhafte Kreta-Motive auf die Leinwand bannen! Mal-Workshops organisiert das Atelier Wolfgang Traub [**N5**] (www.malferienin griechenland.de, Kurse ab 1400 €).

⑩ In Poseidons Reich Die Bucht von Elafonisi › **S. 77** mit dem Schnorchel zu erkunden, ist einfach göttlich. Aquamarin, Türkis, Jade und alle andere Schattierungen, die das Meeresblau zu bieten hat, geben die Kulisse.

⑪ In Stein gemeißelt In einer alten Ruine im südkretischen Lagolio [**H5**] leitet die Bildhauerin Sabine Rassow vor inspirierender Kulisse Kurse in Steinbildhauerei (www.atelier-ein schlag.de). Ab 380 €/Woche.

… probieren sollten

⑫ Frühstücken wie die Kreter In Iraklion trifft man sich am Vormittag in den Cafés am Morosini-Brunnen › **S. 104**, um *Bougatsa* zu essen: Blätterteig mit süßer Griesbreifüllung. Extra süß und mit viel Zimt bestreut: So ist es typisch kretisch.

Schnorcheln im azurblauen Wasser

⑬ Alles Banane Sie sind aufgrund des niedrigeren Wassergehaltes kleiner und süßer als andere Bananen und werden um Malia und Ierapetra angebaut. Kretische Bananen finden Sie z. B. an Verkaufsständen an der Promenade von Malia › **S. 115**.

⑭ Traditionelles Gebäck *Ladokouloura* heißen die köstlichen Sesamkekse, die Sie in der Odos 1866, Iraklions Marktgasse › **S. 106**, kaufen können. Gebacken mit kretischem Olivenöl, sind die Kringel ein köstlicher Snack für den Vormittag.

⑮ Kretas Rachenputzer Nach einem üppigen kretischen Essen hilft vor allem Raki, das Völlegefühle zu mindern. Genießen Sie den Trester in der Markthalle › **S. 61** von Chania, wo man übrigens auch essen kann.

⑯ Salate Nicht nur der »Greek Salad« *(Choriatiki)* ist ein Genuss. Der *Kritiki* z. B. wird mit Kartoffeln, Ei, Käse und geröstetem Brot zubereitet. Die Ouzerie Almyriki › **S. 65** in Stavros bietet außer einer reichen

Probieren Sie unbedingt das »Osterbrot«

Salat-Auswahl auch einen herrlichen Blick auf Strand und Felsen.

(17) Aus dem Ofen Auf Kreta gibt es viele Gerichte mit Ziegenfleisch. Das helle Fleisch schmort lange im Ofen und wird mit Gemüse kombiniert. In Rethimnon kann man es z. B. im Pigadi › **S. 87** probieren, bestellen Sie *Katsikaki me anginares,* Ziege mit Artischocken.

(18) Fangfrisch Fisch *(psaria)* und Meeresfrüchte *(thalassina)* genießt man besonders gut am Jachthafen von Chania. Im Monastiri [b1] gibt es zum Fisch – probieren Sie die gebratene Dorade – kretischen Weißwein und dazu den Hafenblick (Akti Tobazi 12, www.monastiri-taverna.gr).

(19) Dakos Brot mit *Mizithra* (Käse aus Schafs- und Ziegenmolke), Tomatenmus und Olivenöl ist eine kretische Spezialität, die Sie kosten sollten. Lecker schmeckt es in der Taverne Chrisostomos [c1] (Ecke Od. Defkalionos/Ikarou, Anatoliki Tafros, Chania, chrisostomos.gr).

(20) Gemüse auf kretische Art Griechische Klassiker wie *Dolmades,* gefüllte Kohlblätter, oder *Manitaria,* die mit Feta und Tomaten gefüllten Pilze, werden im Restaurant Vaios [P4] in Palekastro (www.vaios-restaurant.gr) ganz himmlisch zubereitet.

(21) Nicht nur an Ostern Tradition hat in der Osterzeit das mit Mahlab und Mastix gebackene, süße Hefegebäck *Tsoureki.* Glückicherweise bekommt man es das ganze Jahr über in Bäckereien, z. B. bei To Artopoleion [b2] (36 Karaoli, Dimitriou) in Chanias Altstadt.

(22) Jia mas! Zahlreiche Weingüter laden auf Kreta zur Verkostung ein. Die Domaine Gavalas [K5] in Vorias bietet z. B. hervorragende Bioweine, darunter den Efivos (www.gavalas cretewines.gr, Mo–Fr 8–16 Uhr). Na dann *Jia mas,* Prost!

… bestaunen sollten

(23) In die Palme schauen Im Sommer braucht man vielleicht etwas Geduld, aber: Am Strand von Vaï › **S. 139** eine Liege zu ergattern und durch fedrige Palmwedel in den blauen Himmel zu blicken – das ist Entspannung pur. Und ausgesprochen exklusiv: Diese Palmenart *(phoenix theophrastii)* wächst nur auf Kreta, in der Antike war sie Aphrodite geweiht!

(24) Für Nachtfalter Am späten Abend werfen die Lichter der vielen

Tavernen und Cafés im Voulismeni-See in Agios Nikolaos [M4] lange Bahnen auf das Wasser. Das können Sie vom Rand der Promenade aus besonders schön betrachten und fotografieren.

(25) Nikos Kazantzakis' Ruhestätte Oberhalb von Iraklion nahe bei der Matinengo-Bastion › **S. 106** liegt Kretas berühmtester Schriftsteller begraben. Von hier schweift der Blick über die Stadt hinweg bis hin zum weit entfernten Meer. Diese Aussicht hätte auch Alexis Sorbas, dem berühmtesten Romanhelden Kazantzakis', gefallen.

(26) Ein nationales Symbol Nicht nur kretische Schulkinder werfen einen Blick hinter die Fassade des Klosters Arkadi › **S. 87**. Denn das Pulvermagazin, in dem so viele Menschen während des Freiheitskampfes starben, kann besichtigt werden. Das heißt, seine Mauern, denn das Dach wurde bei der gewaltigen Explosion weggerissen.

(27) In vino veritas Rund 5 km von Archanes entfernt, am Fuße des Jouchtas, lockt die Ausgrabungsstätte Vathipetro › **S. 112** aus spätminoischer Zeit mit einer der ältesten Weinpressen der Welt!

(28) Agios-Titos-Kirche Titos, ein Schüler des Apostels Paulus, war der erste Bischof Kretas. Seine Schädelreliquie ist heute in einer Kirche in Iraklion [c1] (Od. 25 Avgustu) zu bestaunen, die bis 1923 als Moschee diente.

(29) Lieber Baum, gib uns Wasser ... Zu viel Retsina am Vorabend? Nein, es gibt ihn wirklich: den Baum mit Wasserhahn! Im Bergdorf Ano Viannos [L5], gleich neben der Kirche. Angeblich diente er einst als Stütze für eine Wasserleitung. Doch mit der Zeit hat der Baum die Leitung eingeschlossen, nur noch der Hahn schaut aus dem Stamm heraus. Wirklich skurril!

(30) Prozessionsweg Nicht die Touristen am Eingang von Knossos sind gemeint, sondern das Wandgemälde am Südpropylon › **S. 110**, das vielleicht junge Männer während einer Kultprozession darstellt. 500 Personen sollen im lange verfallenen Korridor gemalt worden sein!

(31) Dörfer in Sicht Halten Sie Ihre Kamera bereit, wenn Sie mit dem Boot von Agia Roumeli › **S. 71** nach Chora Sfakion › **S. 68** unterwegs sind. Der Blick auf die Hänge der Weißen Berge ist spektakulär.

(32) Über den Berg Am verkarsteten Pass von Ambelos [L4] pfeift der Wind über imposante Windmühlen-Ruinen hinweg. Von hier oben ist die Sicht auf die tief unten liegende Lassithi-Ebene großartig.

... mit nach Hause nehmen sollten

(33) Wie das duftet! Ganze Sträuße von mediterranen Kräutern finden Sie in den alten Gassen oberhalb des Hafens von Rethimnon › **S. 85**. Sehr würzig sind Oregano, Thymian, Salbei und Diktamos, der als für Hals und Rachen wohltuender Bergtee gebrüht wird.

(34) **Meli, meli, meli** Der Honig mit dem unvergleichlichen Aroma von Kiefernwäldern ist auf den lokalen Märkten zu haben. Auf jeden Fall bekommen Sie den Honig *(meli)* am Flughafen [K3] in auslaufsicheren Dosen, die auch noch ansprechend bunt gestaltet sind.

(35) **Keramik** Im Töpfern haben die Kreter eine lange Tradition vorzuweisen. Und doch ist sie gefährdet. In Dörfern wie Margarites gibt es noch handgefertigte Ware. Praktisch sind z.B. große Obstschalen oder Salatschüsseln. Wunderschöne Objekte findet man z.B. bei e&a Ceramics [G3].

(36) **Die Seele Kretas** Kretische Musik geht ins Blut! Wer auch an dunklen Wintertagen daheim noch etwas kretische Atmosphäre herbei-

Kretische Handwerkskunst

zaubern möchte, der sollte in den CDs von Aerakis [c2] in Iraklion (Korai 14, www.aerakis.net) stöbern.

(37) **Nadelarbeit** Gehäkelt, gestickt, ausgeschnitten – feine Spitzen sind das Markenzeichen der Tischdecken von Kritsa › S. 131. Echte Handarbeit ist heute schwieriger zu finden und hat ihren Preis. Wollen Sie daheim stilvoll tafeln, nehmen Sie zur Decke passende Stoffservietten mit.

(38) **Goldene Hingucker** In den Vitrinen der Juweliere finden Sie Schmuck, der nach den Vorbildern minoischer oder antiker Goldschmiede gearbeitet wurde. Letzteres finden Sie z.B. bei Emmanuel [a2] (Chalidon 69, www.emmanueljewellery.com) in Chania.

(39) **Ledertaschen** U.a. in Chania › S. 61 werden Lederwaren in verschiedensten Qualitäten angeboten: von weichen Handtäschchen bis hin zu derben Rucksäcken. Achten Sie darauf, dass Sie Ware aus Kreta und nicht aus Fernost erhalten. Eine Ledertasche ist ab etwa 80 € zu haben.

… bleiben lassen sollten

(40) **Alte Ikonen kaufen** Ikonen dürfen Sie nur mitnehmen, wenn die handgemalten Werke jünger als 100 Jahre sind (Nachweis beim Händler). Doch schauen Sie genau hin: Ist das Bildnis ganz von Hand gemalt oder sind nur ein paar Pinselstriche ergänzt? Eine Frage des Preises …

In abgelegenen Buchten wird »oben ohne« toleriert, aber selbst dort nicht gern gesehen

(41) Pralle Sonne Besuchen Sie die Grabungsstätten wie Knossos oder Phaistos nicht in der Mittagshitze. Schatten fehlt dann gänzlich.

(42) Nackte Haut zeigen FKK oder »oben ohne« am Strand wird nicht gern gesehen!

(43) Getrennt zahlen Kreter begleichen immer nur eine Rechnung für die ganze Tischgesellschaft. Danach kann man die Summe immer noch unter sich aufteilen.

(44) Wasser verschwenden Wassersparen ist auch auf dieser Insel angesagt. Bitte nicht mehrfach täglich duschen. Gerade in den Sommermonaten ist die Trockenheit eine Last für die Kreter.

(45) Feuer entfachen Die Gefahr von Waldbränden ist manchmal so hoch, dass selbst achtlos weggeworfene Glasflaschen durch die starke Sonneneinstrahlung Flammen erzeugen können. Zigarettenkippen bitte immer austreten.

(46) Kalte Schulter zeigen Beim Besuch von Kirchen und Klöstern gilt es als ein Zeichen des Respekts, Schultern und Knie zu bedecken.

(47) Türkischen Mokka bestellen Wenn es Sie nach dem köstlichen starken Kaffee gelüstet, der in kleinen Tässchen ausgeschenkt wird, dann fragen Sie nach einem »kafe elliniko«!

(48) Blumen pflücken Auf Kretas fruchtbarem Boden wachsen viele Blumen und interessante Pflanzen, die es sonst nirgends auf der Welt gibt. Reißen Sie keine Pflanzen aus, sie stehen oft unter Naturschutz.

(49) Ungesichert fahren Autofahrer sollten sich angurten, Motorradfahrer einen Helm aufsetzen. Auch wenn Schutzkleidung Sie in der Hitze stören sollte: Unfälle sind häufig.

(50) Besuch am Mittag Die »Siesta« ist den Griechen heilig! Besuche zwischen 13 und 17 Uhr kommen oft ungelegen.

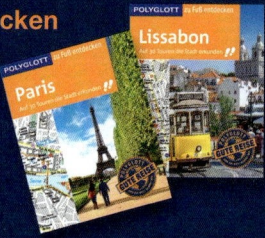
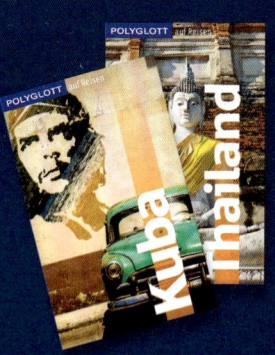

Was steckt dahinter?

Die kleinen Geheimnisse sind oftmals die spannendsten. Wir erzählen die Geschichten hinter den Kulissen und lüften für Sie den Vorhang.

Was symbolisiert das Mandili, die fransige Kopfbedeckung?

In abgelegenen Bergdörfern Kretas und auf traditionellen Festen sieht man auch heute noch Kreter, die ein *Mandili (Sariki),* ein schwarzes, fransiges Dreieckstuch, um den Kopf gewickelt tragen, wobei die quastenartigen Fransen vorn in die Stirn hängen. Mit der Farbe Schwarz wird der Trauer um diejenigen Kreter Ausdruck verliehen, die Opfer der Osmanischen Herrschaft wurden. Die Fransen stehen für die Tränen, die man um die Angehörigen weinte.

Woher stammen die Einschusslöcher in vielen Ortsschildern?

Bis heute befinden sich viele Kreter im Besitz von Waffen. Und Schilder sind für sie ein hervorragendes Ziel von Schießübungen, die nicht selten Teil von Festveranstaltungen wie Hochzeiten sind.

Leben die Kreter wirklich gesünder als andere Europäer?

Die Menschen auf Kreta leben gesünder und haben eine höhere Lebenserwartung als andere Europäer – so lautet das Ergebnis verschiedener Studien zu dem Thema. Woran liegt das? An der sogenannten kretischen Diät, heißt es. Und die wiederum steht für die spezielle Ernährungsweise. Traditionell hat man früher auf Kreta wenig Fleisch gegessen, aber viel Gemüse und Obst, Brot und Olivenöl. Gerade das kretische Olivenöl soll viele gesundheitsfördernde Eigenschaften haben. Ob die Kreter tatsächlich bei dieser Ernährung so alt wurden, wissen die Götter. Heute jedenfalls ist für viele ein Essen ohne Fleisch undenkbar. Rind, Schwein, Lamm und Ziege werden überall reichlich genossen.

Was ist denn nun mit Kreta und Europa?

Begeben wir uns in das Reich der griechischen Mythologie, dorthin, wo Zeus herrscht. Er war wohl der oberste, aber nicht der tugendhafteste aller griechischen Götter. So fiel sein Auge lüstern auf die phönizische Königstocher Europa. Die Schöne war nicht einfach so zu bekommen, ihr Vater wachte streng über sie. Zeus verfiel auf eine List: Als Europa einmal mit ihren Freundinnen an einem nordafrikanischen Strand weilte, verwandelte er sich in einen weißen Stier. Europa und die anderen Mädels spielten mit ihm. Die Prinzessin traute sich sogar auf seinen Rücken. Da schwamm Zeus mit ihr auf die Insel Kreta, verwandelte sich, verführte sie, und weg war er. Aber nicht ohne den ganzen Kontinent nach seiner Liebschaft benannt zu haben: Europa.

Elounda wartet mit einem hübschen
Naturhafen und den exklusivsten
Hoteladressen Kretas auf

REISE-PLANUNG & ADRESSEN

Die Reiseregion im Überblick

Kreta ist als Urlaubsziel immer eine gute Wahl. Die vielseitige Insel hat für jeden etwas zu bieten. Wassersportler treffen hier die saubersten Gewässer Griechenlands an. Wanderer finden außer markierten Wanderwegen auch ein Netz alter Maultierpfade, die durch paradiesische Landschaften, grandiose Schluchten und zu einsamen Bergdörfern führen.

Und für alle, die einfach nur die Sonne genießen und Atmosphäre schnuppern wollen, gibt es mehr als 300 Sonnentage im Jahr, einsame und belebte Buchten und Strände, Badeorte für Ruhe suchende ebenso wie für Erlebnishungrige. »Kreta«, so heißt es, »ist keine Insel, Kreta ist ein kleiner Kontinent«.

Diese Insel oder dieser Kontinent gliedert sich politisch in vier Regionalbezirke. Von Westen nach Osten sind dies **Chania, Rethimnon, Iraklion** und **Lassithi,** wobei die ersten drei nach der gleichnamigen Hauptstadt des jeweiligen Bezirks benannt sind. Lassithi erhielt seinen Namen von der landschaftlich wunderschönen Hochebene. Statt eines beherrschenden Hauptorts besitzt Lassithi mit Agios Nikolaos, Sitia und Ierapetra drei kleinere städtische Zentren. Chania und Rethimnon wetteifern miteinander um den Titel »Schönste Stadt Kretas«. Das möge jeder Besucher für sich entscheiden, sehenswert sind Altstadt und venezianischer Hafen in beiden Städten.

Iraklion ist dagegen das pulsierende Zentrum mit mörderischem Verkehr und erschließt sich dem Besucher erst auf den zweiten Blick. Aber es hat auch seine schönen Ecken und besitzt hochkarätige kulturelle Sehenswürdigkeiten. Den Palast von Knossos und das Archäologische Museum in Iraklion mit seinen einzigartigen Zeugnissen der minoischen Epoche sollten sich auch Kulturmuffel auf keinen Fall entgehen lassen. Schließlich gilt

Daran gedacht?

Einfach abhaken und entspannt abreisen

- [ ] Personalausweis / Reisepass
- [ ] Flug- / Bahntickets
- [ ] Kreditkarte
- [ ] Führerschein (Leihwagen)
- [ ] Wander- / Straßenkarten
- [ ] Deutsch-griech. Wörterbuch
- [ ] Sonnenschutzmittel
- [ ] Sportausrüstung
      (Schwimm- / Taucherbrillen, Wanderschuhe)
- [ ] Sitter für Pflanzen und Tiere organisieren
- [ ] Zeitungsabo umleiten / abbestellen
- [ ] Postvertretung organisieren
- [ ] Hauptwasserhahn abdrehen
- [ ] Fenster zumachen
- [ ] Nicht den AB besprechen »Wir sind für zwei Wochen nicht da«

In der klaren Bergluft der Lassithi-Hochebene kann man gut wandern

Kreta als die Wiege Europas. Doch auch an zahlreichen anderen Orten auf Kreta, etwa in Phaistos (Festos) oder Malia, finden sich Zeugnisse dieser alten Kultur, deren Untergang den Archäologen bis heute Rätsel aufgibt. Von der Struktur her sind sich die vier Regionalbezirke sehr ähnlich: Nordküste, Berge, Südküste. Die Nordküste ist durchgängig touristisch und infrastrukturell besser erschlossen, die Südküste dafür vielerorts authentischer und ursprünglicher. Aber insgesamt haben alle Bezirke von allem etwas. So gibt es z. B. einen echten Gleichstand, was das Vorhandensein schöner Strände betrifft. Während im Osten die Region Chania mit Elafonisi trumpft, kontert Rethimnon mit Preveli, Iraklion mit Lentas und Lassithi mit Vaï.

Bergwanderer können sich freuen, fast ganz Kreta ist von wildromantischen Schluchten durchzogen, auch wenn natürlich die Samaria-Schlucht (Chania) das Highlight bleibt. Auf der Insel finden sich mühelos kleine Bergdörfer, hübsche Fischerorte, einsame Buchten oder typische Tavernen. Und die bekannte Gastfreundschaft und Freundlichkeit der Kreter wird selbstverständlich von West bis Ost ganz großgeschrieben.

Insel-Highlights

....

- Der **venezianische Hafen in Chania** zählt zu den stimmungsvollsten Plätzen der Insel. › S. 62
- Eine wahre Postkartenschönheit ist der Küstenort **Loutro**. › S. 70
- Der traumhafte Strand von **Preveli** punktet mit Palmen und einem kleinen Süßwassersee. › S. 92
- Mit einem Kloster, Quellen, Fischzucht und Fischtavernen lockt das Bergdorf **Zaros**. › S. 117
- Eine malerische Bucht mit fünf Tavernen direkt am Wasser findet man in **Mochlos**. › S. 137
- Der Geheimtipp an der einsamen und oft windigen Südostküste Kretas heißt **Xerokambos**. › S. 141

Klima & Reisezeit

Kreta ist eine Insel, die zu allen Jahreszeiten etwas bietet.

Im Sommer sorgt der von Norden kommende frische Fallwind Meltemi für Kühlung, im Winter ist es an der Südküste, wo Bananen und Palmen wachsen, noch immer angenehm warm, oft kann man bis November im Meer baden.

Die beste Zeit für Bergwanderungen und Studienreisen sind Frühling und Spätsommer, wenn es nicht so heiß ist.

Da es an der Nordküste bis in den April hinein kalt werden kann und kleine Hotels und Privatzimmer oft keine Heizung haben, kann ein Daunenschlafsack nützlich sein.

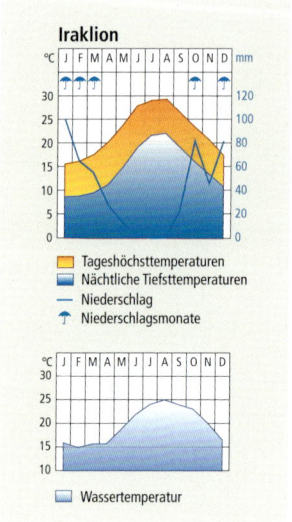

Iraklion

- Tageshöchsttemperaturen
- Nächtliche Tiefsttemperaturen
- Niederschlag
- Niederschlagsmonate

- Wassertemperatur

Anreise

Flugzeug

Von März bis Oktober sind Charter-Direktflüge die bequemste und preiswerteste Anreisemöglichkeit. Alternativ kann man auch nach Athen oder Thessaloniki fliegen und von dort mit Aegean Airlines (www.aegeanair.com) oder Olympic Air (www.olympicair.com) weiter nach Kreta reisen. Außerdem fliegt Easyjet (www.easyjet.com) ab Berlin Kreta an. Flughäfen haben Chania, Iraklion und Sitia im Inselosten.

Auto

Am bequemsten ist die Anreise über Italien, von dort verkehren Autofähren nach Patras. Von Patras sind es etwa 200 km nach Piräus bei Athen, wo Fähren nach Chania (Souda), Iraklion und Sitia starten.

Die grüne Versicherungskarte sollte man unbedingt mitnehmen. Den Pannendienst des Automobilklubs ELPA erreicht man landesweit unter Tel. 1 04, www.elpa.gr. Benzin- und Dieselpreise liegen in Griechenland höher als in Deutschland.

Schiff

Autofähren verkehren ab Ancona, Bari, Brindisi und Venedig nach Patras (oder Igoumenitsa). Von dort fährt man mit Bahn, Bus oder Auto nach Piräus, von wo aus täglich Fähren nach Iraklion und Chania (Souda) ablegen. Rethimnon wird ebenfalls täglich angelaufen, Sitia ein- bis zweimal pro Woche. Ferner bestehen die Verbindungen Githion (Peloponnes) – Kastelli Kissamou und Thessaloniki – Iraklion. Aktuelle Fahrpläne verschickt die Griechische Zentrale für Fremdenverkehr › S. 152. Buchung über die Reedereien Anek Lines (www.anek-lines.info), Superfast Ferries (www.superfast.com) und Minoan Lines (www.minoan.gr/de) oder über www.greekferries.gr (Onlinebüro, auch in deutscher Sprache).

Bahn

Am bequemsten reist man mit dem Zug über Italien an. Von Ancona, Bari, Brindisi und Venedig fahren Schiffe weiter nach Griechenland (Igoumenitsa und Patras, Fahrtzeit je nach Verbindung 16–23 Std). Auf Kreta selbst gibt es keine Bahnstrecken.

Reisen in der Region

Linienbusse

Zwei Gesellschaften teilen sich den Überlandverkehr, die KTEL Iraklion/Lassithi und die KTEL Rethimnon/Chania. Zwischen großen Städten und zu den Ferienorten verkehren die Busse etwa stündlich, in einsame Dörfer nur ein- bis zweimal täglich. Am Wochenende gibt es nur zwischen den größeren Städten Verbindungen. Wer umsteigen muss, sollte klären, ob es am selben Tag noch einen Anschlussbus gibt. Fahrpläne findet man unter www.bus-service-crete-ktel.com.

Taxi

Die Taxipreise sind niedrig. Vier Personen können unter Umständen preiswerter als mit dem Linienbus reisen. Am billigsten kommt man mit dem Taxameter weg. Dorftaxis mit der Aufschrift »*Agoraion*« haben kein Taxameter, sondern feste Tarife.

Mietwagen

Die Fahrzeuge sind vollkaskoversichert (häufig mit Eigenbeteiligung). Schäden an der Unterseite und am Auspuff sind oft nicht mitversichert – Vorsicht also auf schlechten Straßen! Aufpassen sollte man auch auf den Bergstrecken. Enge Kurven, Schlaglöcher und eventuell Steine auf der Fahrbahn erfordern eine angepasste Fahrweise.

SPECIAL

Mit Kindern unterwegs

Kreta ist ein gutes Reiseziel für Familien. Flugzeiten und Entfernungen sind überschaubar, viele Strände wie z. B. die bei Georgioupolis oder Paläochora breit und flach. Die ärztliche Versorgung ist gut. Und: Griechen lieben Kinder. Im Restaurant wird Sie niemand wegen lautstarker oder herumtollender Sprösslinge schief ansehen.

Warum nicht die Mythologie nutzen und den Urlaub für Ihre Kids unvergesslich machen? Erzählen Sie vom Ungeheuer Minos, das in einem Labyrinth sein Unwesen trieb, und zeigen Sie den Palast von Knossos › S. 109.

Mit Teens kann man ausgezeichnet auf Märkten shoppen: Kleider, Taschen, Kosmetika …

Sportliche Jugendliche finden für jede Kondition die passende Herausforderung, von der Strandwanderung bis zur Surftour. Reisen mit speziellen Angeboten für Kinder und Jugendliche bieten u. a. die Veranstalter Vamos (www.vamos-reisen.de) sowie Bambino Tours (www.bambino-tours.de).

Freizeitparks

Größere Freizeitparks wie **Aqua Plus** und **Star Beach Water Park** › S. 115 bei Chersonissos oder der **Limnoupolis Water Park** (www.limnoupolis. gr), 6 km südwestlich von Chania, sind bislang eher selten und beschränken sich auf die touristischen Zentren. Lohnend ist der Besuch von Kretas erstem Großaquarium, dem **CretAquarium** › S. 106.

Glasbodenboot

Ein Riesenspaß ist eine Fahrt mit dem Glasbodenboot »Evangelos« von Chania aus (Infos unter www. captainnickchania.com). Einen tollen Spielplatz gibt es in Chania zwischen Odos Tzanakaki und Dimokratias – sogar mit Minizoo.

Sport & Aktivitäten

Ob Wandern, Mountainbiken oder Wassersport – seit der Tourismus zu Kretas wichtigstem Wirtschaftsfaktor avanciert ist, hat das Angebot an sportlichen Aktivitäten enorm zugenommen.

Wandern, Bergsteigen

Die detailliertesten Wanderkarten sind im Harms-ic-Verlag erschienen: fünf Einzelblätter im Maßstab 1 : 50 000. Zwei preiswertere Touristikkarten des Harms-Verlages im Maßstab 1 : 100 000, je eine für Ost- und Westkreta, sind auch auf Kreta erhältlich. Ganze Wanderrouten sind ausführlich beschrieben in zwei Bänden (Kreta-Ost und -West) des Bergverlages Rother.

Organisierte Wanderungen und Bergtouren offerieren mehrere deutsche Reiseveranstalter und auf Kreta das Unternehmen **Happy Walker** zusammen mit griechischen Wanderfreunden der **E.O.S.:**

Happy Walker [b2]
• Tobazi 56 | Rethimnon
  Tel. 28 31 05 29 20
  www.happywalker.com

Griechischer Bergsteigerverein E.O.S.
• Iraklion | Tel. 28 10 22 76 09
• Rethimnon | Tel. 28 31 02 27 10
  sowie 28 31 05 07 766
• Chania | Tel. 28 21 04 46 47

Neben der **Samaria-Schlucht** › S. 70 bieten sich **Imbros-Schlucht** › S. 68 und **Agia-Irini-Schlucht** › S. 74 für Wanderungen an. Das am wenigsten erschlossene und wildeste Wandergebiet sind die **Weißen Berge** (Lefka Ori), deren höchste Erhebung mit 2452 m der Pachnes ist. Für ortsunkundige Wanderer können sie jedoch gefährlich werden. Keine Karte zeigt hinreichend genau die unmarkierten Maultierpfade, die von den Dörfern am Fuße der Berge zu den Käsereien der Hirten auf den Hochebenen führen. Und die zahlreichen kegelförmigen Gipfel des Massivs sehen alle gleich aus. Wasser findet man nur in den wenigen Zisternen der Hirten. Bis in den Juni hinein kann in den Bergen Kretas Schnee liegen.

Übersichtlicher und damit auch ungefährlicher ist das **Ida-Massiv** (Oros Idi) mit dem höchsten Berg Kretas, dem **Psiloritis** (2456 m)

Kreta ist ein Wanderparadies

› S. 90. Ihn zu besteigen, kann man sogar an einem Tag schaffen.

Seit einigen Jahren werden auf Kreta die alten **Maultierpfade** als Wanderwege neu angelegt und markiert. Der **Europawanderweg 4** führt von Nordgriechenland über den Peloponnes nun weiter von West- nach Ostkreta, wobei er sich im Westen in eine Berg- und Küstenroute teilt. Informationsbroschüren hierzu bekommt man in den Fremdenverkehrsbüros.

Wassersport

Kreta ist ein Paradies für Wassersportler jeder Couleur. Surfen, tauchen, Wasserskifahren oder mit dem Gleitschirm fliegen kann man in allen Touristikzentren und an zahlreichen Stränden. Die kretischen Gewässer gelten zudem als die saubersten Griechenlands.

Ausrüstungsverleih und Unterricht im Windsurfen in deutscher Sprache bietet u. a. **Freak Windsurf** und **bike center** in Palekastro, Mobil-Tel. 69 79 25 38 61, www.freaksurf.com; schöne Tauchkurse organisiert **Stay Wet,** beim Hotel Peninsula in Agia Pelagia (westlich von Iraklion), Mobil-Tel. 69 44 69 01 52, www.staywet.gr, wie auch das **Crete Underwater Center** im Mirabello Hotel bei Agios Nikolaos, Tel. 28 41 02 24 06, www.creteunderwatercenter.com.

Fahrradtouren

Beste Möglichkeiten, allerdings mit viel Auf und Ab, bieten sich auf den kaum befahrenen Nebenstraßen (achtsam sein bei Autoverkehr). Organisierte Touren unterschiedlicher Schwierigkeitsstufen werden von **Martinbike** angeboten. In den Küstenorten kann man auch Räder leihen.

Martinbike –
Hotel Sunlight [M4]
• Agios Nikolaos | Odos Elounda
  Tel. 28 41 02 66 22
  www.martinbike.com

Tennis

Mehr als 50 kretische Hotels unterhalten Tennisplätze.

Reiten

Reitkurse sowie begleitete Ausritte werden von den Reitschulen in **Chersonissos** › S. 114, **Malia** › S. 115 und **Agios Nikolaos** › S. 129 angeboten. Nähere Auskünfte bei den örtlichen Touristinformationen oder unter der Webadresse www.pferdreiter.de/griechenland/kreta.html.

Reiter am Strand von Chersonissos

SPECIAL

Tanzen, malen, griechisch kochen

Ach, könnte man doch nur verstehen, was uns die *Busuki*spieler (Lautenspieler) mit ihren rauchigen Stimmen in den lauen griechischen Sommernächten erzählen! Und beherrschte man doch die Schrittfolgen, um sich beim *Panijiri* (Kirchweihfest) zwanglos unter die Reigentänzer zu mischen! Wüsste man doch Olivenöl und Kräuter so zu verarbeiten, dass man zu Hause an grauen Novembertagen die Mittelmeerküche und damit ein Stück Kreta auf den Tisch zaubern könnte! Kein Problem – Workshops vermitteln speziell Griechisches.

Griechisch im Urlaub

Griechischkenntnisse eröffnen dem Besucher einen ganz besonderen Zugang zu Land und Leuten. In Chania befindet sich **Lexis**, ein Zentrum für griechische Sprache und Kultur. Zu den Angeboten des in der Altstadt gelegenen Hauses zählen u. a. zweiwöchige Intensivkurse, die auf verschiedenen Sprachniveaus starten. Dabei wird nicht nur Grammatik gepaukt, sondern auch das Alltagsleben auf Kreta vorgestellt. Wer möchte, kann Zusatzangebote buchen, etwa ein Keramikseminar. Das Zentrum vermittelt auch Unterkünfte in Chania.

- **Lexis – Zentrum für griechische Sprache** [b2]
  Daskalogianni 48 | 73100 Chania
  Tel. 28 21 05 56 73
  www.lexis.edu.gr

Tanzen und kochen

Wem bei 35 °C im Schatten dann doch nicht der Sinn nach Vokabelbüffeln steht, der kann alternativ kretische Tänze erlernen: z. B. den *Chaniotikos*, die *Susta*, den *Kastri-*

nos oder den Fünf-Schritt-Tanz *Pentozalis*. Gelegenheit, das Erlernte anzuwenden, bieten die zahlreichen *Panijiria*. Dort werden nach der Liturgie traditionelle kretische Gerichte aufgetischt. Wer hinter die Geheimnisse ihrer Zubereitung kommen möchte, der sollte einen Kochkurs belegen. Tanzreisen veranstaltet u. a. das **Griechische Zentrum für Tanz,** Kursteilnehmer lernen vormittags griechische und kretische Tänze, abends wird nach dem gemeinsamen Essen zu Livemusik geübt. **50 Dinge** ④ › S. 12. Kurse in traditioneller kretischer Küche kann man z. B. im **Vamos Traditional Village** bei Frau Koula belegen, die auch Autorin eines Kreta-Kochbuchs ist. Alle Gerichte werden aus regionalen Zutaten zubereitet, beim Kochen erfährt man Wissenswertes über hier wachsende Kräuter und ihre Verwendung.

- **Griechisches Zentrum für Tanz**
  Hornissenweg 3
  22159 Hamburg
  Tel. 040/51 08 77
  www.griechischer-tanz.com
- **Vamos Traditional Village** [E3]
  Vamos (Apokoronas)
  Tel. 28 25 02 21 90
  www.vamosvillage.gr

Gestalten im Einklang mit der Natur

Nahe Plakias an der Südküste Kretas bietet **Kretakreativ** ein vielfältiges Kursprogramm. Es umfasst u. a. Fotowochen, Zeichnen und Malen; man kann sich aber auch Land Art-Projekten widmen und mit in der Natur gefundenen Materialien an besonderen Orten Zeichen setzen. Dabei wird z. B. am Strand ein Labyrinth entworfen oder aus Steinen ein Mandala gelegt. Bei vielen Kursen steht die Auseinandersetzung mit der kretischen Landschaft und Lebensweise im Mittelpunkt. Die Teilnehmer organisieren ihre Anreise selbst, Unterkunft finden sie in zwei Hotels in Strandnähe. Nähere Informationen bei:

- **T. I. T. Trans Inside Travel**
  Klaus-Honauer-Str. 1
  83512 Wasserburg
  Tel. 080 71/27 81
  www.inside-travel.com

Licht und Farben

Wer wollte es nicht festhalten, das kretische Licht? Hobbymaler, die bei **Studien Kontakt Reisen** einen Aquarellkurs belegt haben, können es! Mit Staffelei und Farbtuben ausgestattet, ziehen sie in die stachelige Phrygana und erleben eine ganz eigene Art der Auseinandersetzung mit Landschaft, Licht und Farben Kretas. Das alles durchdringende, legendäre Licht ist auch zentrales Thema bei den Fotoworkshops, die der Engländer **Steve Outram** in Chania abhält. Angebote und Anbieter wechseln allerdings von Jahr zu Jahr. Wer auf Nummer Sicher gehen will, kann schon zu Hause buchen.

- **Studien Kontakt Reisen**
  Venloer Str. 47 | 50672 Köln
  Tel. 02 21/93 37 20 | www.skr.de
- **Steve Outram** [D2]
  Snail 6D | Katsifarakis
  (Galata) Chania
  Tel. 28 21 03 22 01
  www.steveoutram.com

Unterkunft

Das Angebot an Unterkünften auf Kreta ist riesig, es reicht von der einfachen Pension bis zum Luxushotel. Und immer noch schießen überall neue Hotelbauten aus dem Boden, viele Kreter vermieten Privatzimmer.

Hotels

Die Hotels haben die international üblichen 1 bis 5 Sterne, oft sieht man aber auch noch die alte Einteilung nach Buchstaben: Luxus (L), A, B, C, D und E. Die Übernachtungspreise müssen in Griechenland behördlich genehmigt werden und im Zimmer aushängen. Die in diesem Band genannten Preise beinhalten kein Frühstück und können sich zudem in der Hauptsaison erhöhen. Die Preise in der Nebensaison sind je nach Aufwand und Nachfrage niedriger. Die Hotels sind in drei Klassen zusammengefasst: Luxus (L) und Komfort (A) über 100 € (€€€), Mittelklasse (B, C) bis 100 € (€€), Standard (D, E) bis 50 € (€).

Privatzimmer

Das Niveau der Privatzimmer reicht von klasse bis Kammer. Je nach Qualität und Saison zahlt man ab 20 € pro Doppelzimmer. Die Vermieter warten oft an Busbahnhöfen oder am Hafen auf Gäste. Gefällt das Zimmer nicht, so bleibt man eben nur eine Nacht.

Ferienhäuser

Ferienhäuser und Ferienwohnungen müssen über eine touristische Betriebslizenz der EOT verfügen. In den Häusern oder an der Rezeption müssen Preistafeln aushängen.

Camping

Es gibt auf Kreta etwa 20 Campingplätze (Adressen bekommt man beim Fremdenverkehrsamt › S. 152). Schattige Stellplätze und gepflegte Sanitäranlagen sind rar. Freies Campen ist nicht erlaubt.

Jugendherbergen

Youth Hostel liegen preislich nicht unter den Billigpensionen. Es gibt sie in Iraklion, Rethimnon und Plakias. Ein Jugendherbergsausweis ist nicht erforderlich.

Traumhafte Unterkünfte
....

- **Ifigenia** Apartments mit Charme in Chanias Altstadt. › S. 63
- **Avli** Luxuriöses Altstadthaus in Rethimnon. › S. 86
- **GDM Megaron** Geschmackvolles Design-Stadthotel in Iraklion mit Blick auf den Hafen. › S. 108
- **The Peninsula at Porto Elounda** Traumhaftes Resort mit Suiten für Anspruchsvolle. › S. 133
- **Istron Bay** Erstklassige Zimmer, hervorragender Service und traumhafter Meerblick. › S. 136
- **Coriva Beach** Ferienanlage bei Ierapetra mit viel Flair und entspannter Atmosphäre. › S. 141

Den Abend verbringt man
in einer der zahlreichen Tavernen

LAND & LEUTE

Steckbrief

- **Einwohner:** 650 000
- **Fläche:** 8259 km² – zweieinhalbmal so groß wie Mallorca
- **Küstenlänge:** 1046 km
- **Höchste Berge:** Psiloritis, Ida-Massiv, 2456 m; Pachnes, Weiße Berge (Lefka Ori), 2452 m
- **Hauptstadt:** Iraklion, 170 000 Einw.
- **Religion:** zu fast 100 % griechisch-orthodox
- **Lebenserwartung:** ca. 5 Jahre höher als in Deutschland
- **Erwerbsbereiche:** 38 % Landwirtschaft, 15 % Industrie, 50 % Dienstleistungen (vornehmlich im Tourismus)

- **Löhne:** ca. 40 % der durchschnittlichen EU-Löhne
- **Landesvorwahl:** 0030
- **Währung:** Euro
- **Zeitzone:** MEZ + 1 Std.

Lage

Kreta liegt zwischen Europa, Asien und Afrika. Die vorgelagerte Insel Gavdos ist der südlichste Punkt Europas. Bei 255 km Länge ist Kreta groß und abwechslungsreich genug, dass sich die Touristen nicht auf die Füße treten und der Urlaub interessant gestaltet werden kann. Die Breite Kretas schwankt zwischen 14 km an der »Wespentaille« bei Ierapetra und 62 km bei Iraklion.

Politik und Verwaltung

Kreta ist politisch ein Teil der parlamentarischen Republik Griechenland. Der Staat ist eingeteilt in sieben Verwaltungseinheiten, die *apokendromeni diikisi*. Kreta stellt eine dieser Verwaltungseinheiten dar und ist eingeteilt in vier Regio-

nalbezirke: Iraklio, Lassithi, Rethimnon und Chania.

Die großen Linien der Politik werden aber in Athen bestimmt. Griechenland ist ein ausgesprochen zentralistisch geführtes Land, vor allem, was die »Staatsquote« angeht: Der Staat selbst ist stark am Wirtschaftsgeschehen beteiligt, das soll sich ändern.

Griechenland wurde 2001 Mitglied der Europäischen Währungsunion; seit 2009 steckt es in einer tiefen Wirtschaftskrise. Unrentable Staatsbetriebe sollen (teil-)privatisiert, viele Privilegien für Bauern, Beamte und Bankangestellte abgeschafft werden. Trotzdem musste Griechenland 2013 und 2015 von der EU vor dem Staatsbankrott gerettet werden. Die Regierung beschloss drastische Sparparkete, in deren Folge viele Menschen ihre Arbeitsplätze verloren. Besonders stark von der Arbeitslosigkeit betroffen sind die unter 24-Jährigen.

Wirtschaft

Die beiden Säulen der kretischen Wirtschaft sind der Tourismus und die Landwirtschaft. Von den ca. 200 000 Erwerbstätigen der Insel arbeitet laut Statistik die Hälfte in der Landwirtschaft. Doch in welchem Maße, ist schwer zu sagen. Viele Landwirte vermieten im Sommer Zimmer oder arbeiten in den Touristenzentren der Küste. Insgesamt werden auf der Insel ca. 200 000 Betten vermietet. Ein Großteil der Kreter lebt direkt oder indirekt vom Tourismus, eine der wenigen Branchen, die eine positive Wirtschaftsentwicklung erwarten lässt. Leider wird in der Hotellerie und Gastronomie aber oft nur Mindestlohn (2017: 3,35 €) gezahlt.

Die Landwirtschaft produziert Oliven, Wein, Schaf- und Ziegenfleisch, Joghurt, Honig und Käse. Ein etwas rentablerer Zweig liefert Gewächshausgemüse.

Seit dem Eintritt in die EG im Jahr 1981 sind die Agrarkonzerne der entwickelten EU-Länder für die griechischen Kleinbauern zur ernsthaften Konkurrenz geworden. Immerhin darf nach einem EU-Beschluss keine dänische oder deutsche Nachahmung mehr als Feta-Käse bezeichnet werden.

Allein das kretische Gewächshausgemüse findet zu relativ guten Preisen Absatz – in Griechenland ebenso wie im Rest der EU.

Infolge der Wirtschaftskrise sanken viele Gehälter. Besonders die Lage der alten Menschen ist häufig Besorgnis erregend. Der Großteil von ihnen bezieht nur die Mindestrente. Viele können nur durch die Unterstützung der gesamten Großfamilie überleben.

Kretas landwirtschaftliche Flächen werden überwiegend von Kleinbauern kultiviert

Geschichte im Überblick

7. Jt. v. Chr. Kreta wird im Neolithikum vermutlich von Anatoliern besiedelt.

3000 v. Chr. Weitere Siedler treffen ein. Jäger und Sammler bauen sich feste Siedlungen und betreiben Agrikultur. Zentrum dieser Frühkultur ist die Messara-Ebene.

2000 v. Chr. Die minoischen Paläste in Phaistos (Festos), Knossos, Malia und Kato Zakros entstehen.

1700–1450 v. Chr. Nachdem die älteren Paläste vermutlich einer Naturkatastrophe zum Opfer gefallen waren, werden auf den Ruinen der alten neue Herrschersitze errichtet. Reichtum und spezialisiertes Handwerk führen zur minoischen Blütezeit.

1450–1150 v. Chr. Kreta wird von mykenischen Truppen vom Peloponnes erobert. Die Paläste werden zerstört. Nur Knossos und Archanes werden wieder aufgebaut.

800–67 v. Chr. Nach dem Untergang des mykenischen Reiches kurz nach 1200 wandern dorische Griechen in mehreren Schüben vom Peloponnes her ein.

67 v. Chr. Kreta wird römische Provinz.

59 n. Chr. Der Apostel Paulus landet auf dem Weg nach Rom bei Kali Limenes und lässt seinen Begleiter Titus zurück, um durch ihn das Christentum zu verbreiten.

395 Mit der Teilung des Römischen Reiches fällt Kreta ans Byzantinische Reich.

1204 Kreta kommt zu Venedig.

1453 Nach der Eroberung Konstantinopels durch die Türken fliehen griechische Intellektuelle und Künstler nach Kreta (»kretische Renaissance«).

1645 Die Türken erobern Chania und 1669 Iraklion.

1896/98 Kreta wird mit Hilfe der europäischen Großmächte befreit.

1913 Makedonien und Kreta werden mit Griechenland vereinigt. Eleftherios Venizelos ist Ministerpräsident und bleibt es bis 1920 und später mit Unterbrechungen von 1924 bis 1936.

1919–1923 Auf der Konferenz von Lausanne 1923 wird vereinbart, alle Türken aus Griechenland und alle Griechen aus der Türkei zu entfernen. 22 000 Türken verlassen Kreta. Im Gegenzug siedeln sich 34 000 Griechen dort an.

Fresko im Palast von Knossos (Detail)

1936 Vom griechischen König gebilligte Diktatur unter General Metaxas.

1941–1945 Deutsche Besetzung Kretas. Kretische Bauern und Partisanen leisten den Deutschen erbitterten Widerstand.

1946–1949 Die Vereinigten Staaten geben Militärhilfe für ein prowestliches Griechenland. Die Kommunisten werden 1948 in der Samaria-Schlucht geschlagen, und Griechenland ist wieder konstitutionelle Monarchie.

1967–1974 Griechische Militärdiktatur. Durch einen Putsch gelangt Oberst Papadopoulos an die Macht.

1974–1981 Die konservative Nea Dimokratia regiert das Land. Griechenland wird 1981 EU-Mitglied.

Ab 1981 In den 1980er/90er-Jahren regiert überwiegend die sozialistische PASOK. Regierungspräsident ist bis zu seinem Tod 1996 Andreas Papandreou; sein Nachfolger wird Konstantin Simitis.

2001 Beitritt Griechenland zur Währungsunion.

2004 Kostas Karamanlis (Nea Dimokratia) wird neuer Ministerpräsident. Athen richtet die Olympischen Sommerspiele aus.

2007 Die Parlamentswahlen gewinnt erneut Kostas Karamanlis.

2009 Giorgios Papandreou wird neuer Ministerpräsident. Griechenlands Wirtschaftslage verschlechtert sich zusehends.

2010/11 Die Staatsverschuldung ufert aus; Griechenland steht vor dem Bankrott. Die EU beschließt an strikte Auflagen gekoppelte Hilfen. Papandreou tritt 2011 zurück; es folgt eine Übergangsregierung.

2012 Ministerpräsident Antonis Samaras (Nea Demokratia) soll das Land retten.

2015 Bei den Parlamentswahlen im Februar bestrafen die Wähler die Regierung für ihren Sparkurs. Gewinner ist die Linkspartei SYRIZA, Alexis Tsipras wird Ministerpräsident, Prokopis Pavlopoulos wird Staatspräsident.

2017 Griechenland erhält erneut Finanzhilfe aus dem EU-Haushalt.

Natur & Umwelt

Berge, einige davon bis in den Juni hinein schneebedeckt, prägen die kretische Landschaft. Vier Massive gliedern die Insel: von West nach Ost zunächst die **Weißen Berge** (Lefka Ori, bis 2452 m), dann das **Ida-Massiv** mit dem höchsten Berg Kretas, dem Psiloritis (2456 m), schließlich das **Dikti-Massiv** mit 2148 m und die **Berge von Sitia** mit 1450 m.

Kreta liegt mit seiner Südseite genau an der Grenze der eurasischen und afrikanischen Scholle, was immer wieder zu Erdbeben geführt hat. Daher fallen die Berge an der Südseite auch steil ins tiefe Meer ab, während sie im Norden als sanft abfallende Küstenebenen ins flache Meer auslaufen.

Landschaftliche Besonderheiten Kretas sind die mehr als 3000 **Tropfstein-höhlen,** wilde, oft unzugängliche **Schluchten** und weite, fruchtbare **Hochebenen.** Die bedeutendste Natursehenswürdigkeit der Insel ist der grandiose **Nationalpark Samaria,** eine der größten und tiefsten Schluchten Europas und ein Refugium seltener Orchideenarten. Kräftig dezimiert sind die einst reichen Waldbestände der Insel. Der **Ölbaum** ist an ihre Stelle getreten. Mindestens 25 Mio. Bäume sollen auf Kreta wachsen – nicht alle werden abgeerntet. Weitere häufig anzutreffende Kulturpflanzen sind der Johannisbrotbaum und der Esskastanienbaum, der vorwiegend in Westkreta kultiviert wird (vor allem bei Elos).

Reste der Ursprungsvegetation – Zypressen, Steineichen und Platanen – findet man in den schwer zugänglichen Schluchten an der Südküste. Auch die durch Wilderei vom Aussterben bedrohte kretische Wildziege (Bezoarziege, auch Kri-kri genannt) hat hier eine Heimat gefunden. Reich sind die Vorkommen an Wildkräutern. Diktam z.B. war schon in der Antike ein Exportschlager, weil er bei Verwundungen das Blut stillt und man ihm auch eine Nerven stärkende Wirkung nachsagt.

Kreta hat keine Umweltverschmutzung verursachende Großindustrie, nur in den Städten ist die Luft durch Autoabgase belastet. Kläranlagen werden seit wenigen Jahren in allen Städten nachgerüstet, auch Hotels (insbesondere die Grecotel-Gruppe) engagieren sich ökologisch. Mit einigen Windparks, vor allem in Ostkreta, hat die Nutzung der Windenergie auch auf Kreta Einzug gehalten. Solarenergie wird schon seit Langem genutzt, fast jedes Haus hat Sonnenkollektoren zur Warmwassergewinnung.

SEITENBLICK

Müllprobleme auf Kreta

Jedes Jahr zerreißen die Winterstürme viele der Plastikplanen, unter denen in Kreta Frühgemüse für die Märkte Mitteleuropas reift. Plastikfetzen, so weit das Auge reicht, und keiner ist in Sicht, der sie jemals entfernen würde. Überall in Griechenland wird mit Plastikverpackungen äußerst großzügig verfahren. Selbst für Kleinsteinkäufe halten die Verkäufer in den Geschäften Plastiktüten bereit. Auch das Mineralwasser wird vorwiegend in Plastikflaschen verkauft. Eine getrennte Müllentsorgung ist zwar vorgesehen, wurde bislang aber noch nicht realisiert. Ökologische Anliegen sind im Parlament kaum ein Thema (die Grünen Griechenlands scheiterten bei den Wahlen 2012 an der Drei-Prozent-Hürde). Oft wird der Müll einfach verbrannt. Später schiebt man mit Bulldozern Erde darüber, womit das Problem erst einmal »gelöst« ist. Zur Vergrößerung der Müllmenge trägt der Tourismus erheblich bei. Hauptsächlich Touristen trinken das Wasser, das überall auf Kreta in Plastikflaschen angeboten wird. Kreter haben an ihrer Leitungswasserqualität nichts auszusetzen. Nur in den Großstädten ist es leicht gechlort; die Dörfer haben meist bestes, unbehandeltes Quellwasser.

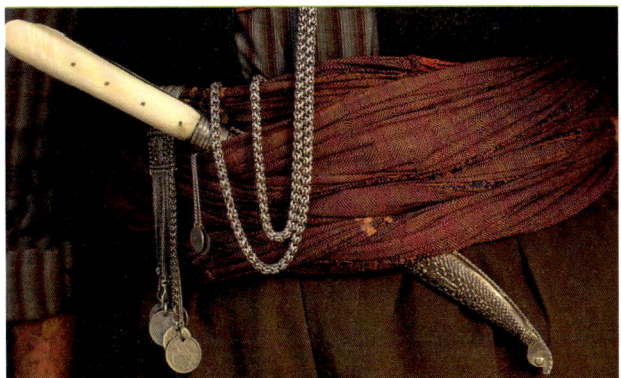

Der Dolch steckt am Gürtel der kretischen Männertracht

Die Menschen

8000 Jahre Geschichte haben die Kreter geprägt. Unabhängig ist die Insel jedoch selten gewesen. Mit den Römern begann 67 v. Chr. die Abfolge der Fremdherrschaften, die bis 1898 andauerten.

Der jahrhundertelange Widerstand gegen die Besatzer hat den Charakter der Kreter geformt – Patriarchalismus, Stolz, Misstrauen gegen »den Staat« in Athen und ein hoch angesiedeltes Ehrgefühl *(philotimo)*. Wenn die Ehre gekränkt wurde, kam es noch in jüngster Vergangenheit zur Blutrache. Ausdruck der von Widerstandskämpfen geprägten Vergangenheit ist die kretische Tracht: Schwarz wegen der permanenten Trauer um Angehörige und »um Kreta«, dazu blank geputzte, militärisch anmutende Stiefel und ein Dolch im Gürtel. Ausdruck dafür ist auch der Brauch, dass »ein Kreter eine Feuerwaffe trägt«. An den Wänden vieler Kafenia sieht man Fotos, auf denen stolze Familienväter mit dem Gewehr in der Hand und mit umgelegtem Patronengürtel posieren. Ein häufiger Anblick sind auch Straßenschilder, die als Zielscheiben dienten und von Kugeln durchlöchert sind.

Kreter erkennt man oft schon am Namen: »-akis« ist die typisch kretische Endung. Dieses patronyme Suffix, wie die Sprachwissenschaftler sagen, sollte einst zeigen, dass der Sohn vom Vater abstammt. Theodorakis heißt somit »kleiner Theodor«.

Die Stellung der Frau hat sich zwar verändert, doch in ländlichen Regionen gelten meist noch die überlieferten Traditionen. Erst 1983 wurden griechische Eheleute vor dem Gesetz gleichgestellt, Ehebruch straffrei gestellt, das Recht des Mannes auf eine Mitgift als Entschädigung für die Heirat abgeschafft. Doch auf dem Land spielt die Mitgift einer Frau immer noch eine

Verkauf von Webarbeiten in Anogia: Viele Kreter leben direkt oder indirekt vom Tourismus

Rolle für Familien (heute in zunehmenden Maß auch das Geld, das in ihre Berufsausbildung investiert wurde). Der Mann vertritt die Familie nach außen. Besonders drastisch spiegelt sich der griechische Patriarchalismus bei der Praxis der Verhütung wider. Kondome werden selten verwendet, Verhütung gilt als Frauensache. Statistiken zeigen, dass die Abtreibungsrate eine der höchsten in der EU ist. Dabei ist die Pille in Griechenland ohne Rezept in jeder Apotheke zu haben.

SEITENBLICK

Wirtschaftskrise

Der griechische Staat hat seine liebe Not mit der Steuermoral seiner Untertanen. Mehr als die Hälfte der Bürger sind als »Selbstständige und deren Familienangehörige« beschäftigt und können so relativ einfach an der Steuer vorbei verdienen. Experten schätzen sogar, dass ein Drittel des griechischen Bruttosozialprodukts durch Schwarzarbeit erzeugt wird. Allerdings beherrscht auch die Obrigkeit selbst das System ganz gut: Durch Einberechnung illegaler Wirschaftszweige in das Bruttosozialprodukt wurde 2006 versucht, das Haushaltsdefizit zu drücken, um die Maastricht-Kriterien einzuhalten. Und auch der Beitritt zum Euro gelang nur durch geschönte Bilanzen.

Alle Bemühungen, die drohende Krise einzudämmen, scheiterten. Und so führten die geringen Steuereinnahmen zu einer galoppierenden Staatsverschuldung. Schließlich stand Griechenland im Frühjahr 2010 kurz vor dem Staatsbankrott und konnte auch durch Finanzhilfen der anderen EU-Länder bis 2017 nicht gerettet werden. Die Regierung unter Ministerpräsident Tsipras sieht sich gezwungen, seinen Bürgern das rigoroseste Sparprogramm der Geschichte zu verordnen. Wenn es auch Widerstand gibt – etwa von den linken Gewerkschaften –, viele Griechen kennen die Ursachen und fürchten den Ausschluss aus der Euro-Zone.

Kunst & Kultur

Schon Jahrhunderte vor Homer war auf der südlichsten Insel im Mittelmeer die erste Hochkultur auf europäischem Boden entstanden. Sie strahlte auf das griechische Festland und weiter aus.

Die Fresken von Knossos zeigen eine friedliche Welt, eine Welt der Lebenslust, des Sports und des Spiels. Auf Darstellungen herrscherlicher Macht verzichteten die Minoer, dafür bildeten sie lieber prächtig gekleidete und barbusige Frauen ab.

Minoische Architektur

Die minoische Zivilisation war auch in technischer Hinsicht hoch entwickelt. So gab es in Knossos ein ausgeklügeltes Kanalisationssystem mit drei verschiedenen Leitungen: eine für Quellwasser, eine für Regenwasser und eine dritte für Schmutzwasser und Fäkalien. Gepflasterte, sorgfältig instand gehaltene Straßen verbanden die Palastzentren miteinander. In dieses Straßennetz waren auch Fischer- und Bauerndörfer wie Gournia oder Palekastro in Ostkreta, außerdem Heiligtümer und Villen auf dem Lande wie Tilissos oder Vathipetro in Mittelkreta einbezogen.

Allen diesen Bauten gemeinsam ist die wabenartige Grundkonstruktion: Kleine, verschachtelte Räume, vor- und zurückspringende Fronten, verwinkelte Gänge und Lichtschächte bilden ein komplexes Raumgefüge. Kein Wunder, dass den späteren Griechen diese fremdartige Architektur, die ihrer eigenen symmetrischen ganz entgegengesetzt war, »labyrinthisch« erschien.

Die Mauern der Häuser und der Paläste wurden aus luftgetrocknetem Lehm gebaut und mit Holzfachwerk verstärkt. Unten und an den Ecken lagen Quadersteine aus Kalkstein. Innen waren die Mauern mit einem Putz aus Strohhäcksel und Lehm oder mit Alabasterplatten verkleidet. Manchmal bemalte man den Putz mit farbenfrohen Szenen in Freskotechnik.

Allen Palästen sind folgende Bauteile gemeinsam: ein Zentral- und ein Westhof, auf denen rituelle

Minoische Siedlung Roussolakkos
in Palekastro

und sportliche Versammlungen stattfanden, z. B. kultische Stierspiele oder kollektive Gebete, wie sie auf Abbildungen zu sehen sind. Auf leicht erhöhten Prozessionswegen bewegten sich Männer und Frauen in Reih und Glied und brachten Opfer dar. Eingetiefte Lustralbäder für kultische Reinigungen (*Katharsis*) finden sich in allen Palästen ebenso wie das Polythyron, eine Front aus Pfeilern und Türen, die man wie in einem Wintergarten je nach gewünschtem Raumklima öffnen und schließen konnte.

Minoische Wandmalerei

Abgebildet sind Motive aus der Natur, zum Beispiel Lilien, Affen und Rebhühner in einer Fantasielandschaft. Es handelt sich um eine reine Flächenmalerei; Raumtiefe wird wiedergegeben, indem an allen vier Seiten des Bildes Landschaftselemente dargestellt sind, die auf die Mitte weisen. Auf repräsentativen Prozessions- und Kultbildern werden minoische Frauen mit weißer und Männer mit roter Hautfarbe dargestellt, die Opfer darbringen. Sie tragen Rhyta in der Hand, Opfergefäße mit einem Loch im Boden, das bis zur Darbringung des Opfers mit der Hand abgedeckt wurde.

Venezianischer Festungsbau

Für die venezianischen Besatzer Kretas stand der Hauptfeind im Osten. 1522 war der Ritterstaat der Johanniter von Rhodos gefallen, 1571 war Zypern in der Hand des Feindes. Kreta war in jenen Jahren eine der letzten christlichen Bastionen im östlichen Mittelmeerraum. So wurden unter der Leitung italienischer Baumeister wie Michele Sanmicheli (1484–1559) die Festungen um die kretischen Städte Iraklion, Rethimnon und Chania und die Inselfestungen Gramvousa, Souda und Spinalonga modernisiert. Die Mauern dieser Festungen waren abgeschrägt, um die Wucht der aufschlagenden Kanonenkugeln zu mildern. Ein Glacis (Abhang) und ein Wassergraben sollten die Feinde zusätzlich abschrecken.

SEITENBLICK

Keramik der Minoer

Die Gattung der Kamares-Vasen stammt aus der Älteren Palastzeit und ist benannt nach ihrem Hauptfundort, der Kamares-Höhle an der Südseite des Ida-Massivs. Kennzeichnend für den **Kamares-Stil** ist die polychrome Bemalung auf dunklem Grund, Motive der Natur sind mit bloßen Ornamenten wie Spirale, Wellenband oder Rosette zu einer harmonischen Einheit verbunden.

In die Jüngere Palastzeit gehören der **Florastil** und der **Meeresstil**. Vasen des Florastils sind vollständig mit Blättern und anderen pflanzlichen Motiven bedeckt, beliebte Motive des Meeresstils waren Oktopus, Nautilus, Seesterne und Korallen. Die Gefäße wurden entweder als Grabbeigaben, als Weihgeschenke in Heiligtümern oder in den Palästen als »Palastgeschirr« gefunden.

Blattförmige Bastionen waren den Mauern vorgelagert, damit man die Mauerabschnitte besser kontrollieren konnte. Für die Renaissancearchitekten und ihre Auftraggeber war eine Festung jedoch nicht nur Zweckbau, sondern auch ästhetisches Objekt, das die Überlegenheit westlicher Zivilisation ausdrücken sollte. Die sternförmigen Grundrisse gehen auf Überlegungen des Renaissance-Universalgenies Alberti zurück: Ein Idealstaat solle auch eine ideale Ummauerung haben.

Festung Spinalonga

Byzantinische Kunst

Die schönsten Beispiele byzantinischer Kunst auf Kreta findet man in der Panagia Kera bei Kritsa › **S. 132**, in der Kirche gleichen Namens an der Zufahrt von Iraklion zur Lassithi-Ebene › **S. 127**, in den Klöstern Gonia, Valsamonero und Toplou und im Ikonenmuseum in Iraklion.

Alle diese Beispiele stammen aus dem venezianisch beherrschten Kreta. Kein Wunder also, dass die kretischen Werke von den Kunstauffassungen der Venezianer beeinflusst sind. Je nach Stärke dieses Einflusses unterscheidet man z. B. eine traditionelle Malweise von einer »verwestlichten«, die italienische Inhalte und Formen rezipiert, z. B. den Naturalismus, die Raumtiefe und die Perspektive. Diese verwestlichte Kunst bezeichnet man als »kretische Schule«. Ihr bedeutendster Vertreter war Michalis Damaskinos, der Lehrer El Grecos; sechs seiner Werke befinden sich im Ikonenmuseum in Iraklion.

Die Kirchen sind in der Regel nach dem orthodoxen Bildprogramm ausgemalt, das sich klar in eine vertikale und eine horizontale Hierarchie gliedern lässt. Die orthodoxe Kirche betont die Gottnatur Jesu, seine Mutter Maria wird als *Theotókos* (»Gottesgebärerin«) dargestellt. In der vertikalen Hierarchie blickt Jesus von der Kuppel als *Pantokrator* (»Allbeherrscher«) streng auf die Gläubigen herunter. Im Tambour der Kuppel folgen die Propheten und die Erzengel mit Speeren in der Hand. Sie stehen gleichsam als Militär an der Seite des Herrschers Jesus, dieser wiederum kann als himmlischer Vertreter des byzantinischen Kaisers interpretiert werden.

In der Hierarchie folgen die Evangelisten Markus, Matthäus, Lukas und Johannes in den Sphärischen Dreiecken, die den Übergang vom Rund der Kuppel zur Vierung des Kirchenschiffs bilden. In der untersten Zone der vertikalen Hierarchie stehen Heilige, Asketen wie der hl. Antonius, Wunderheiler wie die hl. Paraskevi, Märtyrer wie der hl. Georg.

Reigentänze sind in der kretischen Kultur fest verwurzelt

Horizontal wichtigster Teil der Kirche ist der Altarraum mit der Apsis, in der oben Maria und darunter die vier kanonischen Kirchenväter der Orthodoxie dargestellt sind: Johannes Chrysostomos, Gregor von Nazianz, Basilius der Große und Athanasius. Es folgen die Ikonostase, die Bilderwand, der Gemeinderaum und zuletzt Ausgang und Vorraum der Kirche, der Narthex. Über dem Ausgang oder im Narthex ist oft das Jüngste Gericht mit Höllenqualen oder Paradies zu sehen. Es führte den Gläubigen beim Verlassen der Kirche vor Augen, was geschehen könnte, wenn sie sich den Forderungen von Staat und Kirche widersetzen.

Volksdichtung: Mantinades und Rizitika, Musik und Tanz

Mantinades und Rizitika sind komponiert aus rhythmischen Reimpaaren, die zum Streichinstrument Lyra und zum Zupfinstrument Laouto gesungen werden. Die Lieder handeln von Liebe, Schmerz oder Krieg, aber auch den Sorgen des Alltags. Gesungen werden sie bei Taufen und Hochzeiten, bei Heiligenfesten – oder im geselligen Kreis, der *Parea*.

In Hochzeitsliedern wird der Mann gerne als Adler dargestellt. Der Adler ist kühn, stark und tapfer, er übt von hoch oben die Kontrolle aus. Die Braut dagegen ist ein Rebhuhn, klein und hübsch anzusehen, dafür aber nicht sehr beweglich – Rebhühner können nur wenige hundert Meter in einem Zuge fliegen.

Haben die Teilnehmer eines Festes ihr Abendessen beendet – meist erst gegen 23 Uhr – und sind Lyra und Laouto in Fahrt gekommen, dann wird getanzt. Kretische Tänze sind keine Paartänze, stattdessen fassen sich Männer wie Frauen im offenen oder geschlossenen Reigen zu mehreren an den Schultern oder an den Händen. Vor allem drei Tänze sind immer wieder zu sehen: der Pentozalis, der Chaniotikos und die Sousta. Am mitreißendsten ist die schnelle Sousta; bei ihr scheint sich lediglich der Unterkörper der Tanzenden zu bewegen, die Schultern bilden eine gerade Linie.

Wer nicht das Glück hat, privat eingeladen zu sein, hat zwei Möglichkeiten, kretische Tänze zu sehen. Man besucht ein Heiligenfest › **S. 46** oder (freitags bzw. samstags) eines der *kritika kentra,* der großen Musiklokale, in denen fast nur Kreter verkehren.

Literatur

Der im Ausland bekannteste Schriftsteller Griechenlands ist der Kreter Nikos Kazantzakis (1883–1957). Als Kind erlebte er die Aufstände gegen die türkische Herrschaft, sein Vater war aktiver Kämpfer. Erfahrungen aus dem Freiheitskrieg und religiöses Erleben wurden die Hauptthemen seiner späteren Bücher. Um der Beschränktheit seiner Religion, der Orthodoxie, zu entkommen, studierte er Buddhismus und Christentum. Franz von Assisi, der sein Leben den Armen widmete, wurde sein Vorbild, ebenso der weltoffene Maler El Greco. Als Männer der Tat verehrte er Lenin und den Wanderarbeiter Georgios Sorbas, dem er mit seinem Erfolgsroman »Alexis Sorbas« (1946) ein literarisches Denkmal setzte. Weitere Hauptwerke sind »Freiheit oder Tod« (1953) und »Rechenschaft vor El Greco«. Letzteres ist eine Autobiografie, geschrieben 1957, kurz vor seinem Tod.

Ein bekannter zeitgenössischer Autor ist Petros Markaris, von dem einige Krimis um den Kommissar Kostas Charitos auch auf Deutsch erschienen sind: u. a. »Live!« (2005), »Balkan Blues« (2007), »Der Großaktionär« (2008), »Faule Kredite« (2012), »Zahltag« (2014), »Abrechnung« (2014), »Zurück auf Start« (2015), »Der Tod des Odysseus« (2016) und »Offshore« (2017).

SEITENBLICK

Alexis Sorbas und der Sirtaki

Der Film »Alexis Sorbas« hat Nikos Kazantzakis und seinen Roman international berühmt gemacht: Der englische Schriftsteller Basil, der lieber ein Buch über die Liebe liest, als sich zu verlieben, schließt hier Freundschaft mit dem Genussmenschen Sorbas, der leidenschaftlich tanzt und die Kunst der Verführung beherrscht. Gemeinsam beuten sie als Männer der Tat ein Bergwerk auf Kreta aus, beide knüpfen sie delikate Beziehungen zu Frauen an. Michael Cacoyannis, ein Hollywood-Regisseur zypriotischer Herkunft, hat den Film 1964 gedreht. In den Hauptrollen glänzen Anthony Quinn als Sorbas, Alan Bates als Basil und Irini Papas als attraktive Witwe. Der berühmte »Sirtaki«, den Anthony Quinn tanzte, wurde extra für den Film erfunden. Weil Anthony Quinn die komplizierten kretischen Tänze so schnell nicht lernen konnte, komponierte Mikis Theodorakis für ihn diese einfache Filmmusik, die schnell weltweit populär wurde. Heute fehlt sie auf keinem »kretischen Abend«, und die eingängige Musik ist überall zu kaufen.

Feste & Veranstaltungen

40 Tage vor Ostern: Karneval (besonders ausgelassen gefeiert in Rethimnon).

Osterwoche: Trauriger Höhepunkt der Osterwoche ist die Epitaphios-Prozession am Karfreitag, fröhlicher Höhepunkt am Samstag um Mitternacht: Der Priester ruft »*Christos anésti*« (»Christus ist auferstanden«) und reicht eine Kerze aus dem Altarraum. An ihr zünden die Umstehenden ihre mitgebrachten Kerzen an und reichen das Licht weiter an alle anderen. Vor der Kirche wird ein Holzstoß angezündet, auf dem symbolisch Judas verbrannt wird. Mit der brennenden Kerze in der Hand gehen alle nach Hause. Weit nach Mitternacht wird die Lammlebersuppe *Majiritsa* verzehrt.

Kretischer Festschmuck

Am Ostersonntag drehen sich überall Lammspieße über dem Holzkohlenfeuer. Die nächsten orthodoxen Ostersonntage: 8. April 2018, 28. April 2019.

März: 25. März – Nationalfeiertag und Mariä Verkündigung. **Militärparaden und Schulkinderumzüge.**

April: 23. April – **Panijiria** zu Ehren des hl. Georg bei den Georgskirchen. (Wenn dieser Tag in die Fastenzeit fällt, wird er am Ostermontag gefeiert.)

Mai: 1. Mai – Der Tag der Arbeit wird auch als **Frühlingsfest** gefeiert. Blumenkränze hängen an den Haustüren, es wird im Freien gegrillt. **20.–27. Mai** – In Chania Woche des Gedenkens an die »Schlacht um Kreta« von 1941.

Juni: 24. Juni – In vielen Dörfern **Sonnwendfeiern,** zu denen junge Männer über Holzfeuer springen. Gleichzeitig Tag der Geburt Johannes des Täufers.

Juli: 3. Juli – Fest des hl. Iakinthos auf der Nida-Hochebene. 27. Juli – **Wassermelonenfest** in Chersonissos. Im **Juli und August** finden **Weinfeste** in Rethimnon, Iraklion und Dafnes statt, ferner **Konzerte** und **Schauspielabende** in Iraklion; **Kretische Abende** in Gavalochori östlich von Chania; **Renaissance-Festival** in Rethimnon; **Lato-Festival** in Agios Nikolaos; **Kulturfestival »Kornaria«** in Sitia.

August: 5.–7. Aug. – Prozession von Archanes auf den Jouchtas (Verklärung Christi). 10.–15. Aug. – **Lyra-Musik-Festival** in Anogia. 15. Aug. – In vielen Orten, Kirchen und Klöstern wird Mariä Entschlafung (Himmelfahrt) gefeiert, be-

sonders schön am Kloster Chrisos-
kalitissa in Westkreta. **Festival des
politischen Liedes** in Vamos.
Zweite Augusthälfte: dreitägiges
Folklorefestival in Kritsa. **25. Aug.** –
Große Prozession in Iraklion und in
Gortis zu Ehren des hl. Titus.
September: Anfang Sept. – Tag der
Fischer von Rethimnon. **14. Sept.** –
Kreuzaufstellung auf dem Timios Stavros
(= Gipfel des Psiloritis) im Ida-Gebirge.

Oktober: 28. Okt. – Nationalfeiertag,
Ochi-(»Nein«-)Tag. Am 28. Oktober
1940 widersetzte sich Griechenland
dem italienischen Ultimatum zur Kapitu-
lation. **Militärparaden und Umzüge
der Schulkinder.**
November: 7.–9. Nov. – Feierlich-
keiten am Kloster Arkadi und in
Rethimnon zum Gedenken an den Aufstand von 1866. Militärparaden und
Schulkinderumzüge.

Essen & Trinken

Wohin zum Essen?

Die griechische Küche ist rustikal und volkstümlich. Man unterscheidet
grundsätzlich zwischen der Garküche (Gerichte aus der Kasserolle, die als
Fertiggerichte gleich serviert werden) und der Zubereitung »auf Bestellung«
(tis oras), die etwas länger dauert. Die Griechen gehen erst sehr spät am
Abend essen, 22.30 Uhr ist nicht
ungewöhnlich, und dann am liebs-
ten in Gesellschaft, der *Parea*.

Das *Estiatorion* serviert Speisen
von der Warmhalteplatte, die *Taverna* frisch gegrilltes oder gebratenes
Fleisch. Eine Variante der Taverna
ist die *Psarotaverna*, die Fischtaverne, eine Variante des Estiatorions
das *Magirion*. Ins Estiatorion geht
man »nur zum Essen«, in die Taverne abends zum Vergnügen. Inzwischen verwischen sich aber die
Gattungen, und es sind noch andere
Restaurantarten hinzugekommen:
die Pizzeria, die Snackbar und ausländische – französische, chinesische, deutsche – Restaurants. Neben
den Esslokalen gibt es die *Ouzeri*, in
der man Raki oder Ouzo trinkt und
dazu *Mezedes* (Appetithappen) isst.
Verschiedene Mezedes auf einem

Hier schmeckt's besonders gut

- **Ta Neopia**, Chania. Eine gute
  Adresse für Liebhaber von Fisch
  und Meeresfrüchten. › S. 64
- **Brillant/Herbs' Garden**, Iraklion.
  Gourmettempel im Hotel Lato, kre-
  ative griechische Küche. › S. 108
- **Kyriakos**, Iraklion. Traditionelle
  kretische Küche, reichhaltig und
  bodenständig. › S. 108
- **Pelagos**, Agios Nikolaos.
  Stilvolles Gourmetrestaurant in
  klassizistischer Villa. › S. 131
- **Creta Embassy**, Agios Nikolaos.
  Auf Fisch und Meeresfrüchte spe-
  zialisiert. › S. 131

Frischer Fisch wird in der Regel schnörkellos zubereitet, meist im Ganzen gegrillt

Teller nennt man *Pikilia* (bunte Platte). Im Trend sind auch *Mezedopolia*, Lokale mit einer großen Auswahl an Vorspeisen.

Fisch vom Feinsten

Frischen Fisch verstehen die Griechen ausgezeichnet zuzubereiten. Man isst ihn – gewöhnlich gegrillt und mit Zitronensaft beträufelt – am besten in den Tavernen nicht allzu touristischer Hafenorte *(Psarotaverna)*. Allerdings ist Fisch, den man sich selbst aussucht und der nach Gewicht berechnet wird, recht teuer, denn die Ägäis ist ziemlich leergefischt, und oft wird Atlantik-Fisch eingeflogen.

Vielfalt an Vorspeisen

Sehr beliebt sind *Taramosalata* (zartrosafarbenes Kaviarmus), *Melitsanosalata* (Auberginenpaste), *Tsatsiki* (Joghurt mit frischer Gurke, etwas Zitronensaft und Knoblauch), gebackene Auberginen- oder Zucchinischeiben, *Tirosalata* (eine Käsepaste), *Skordalia* (Knoblauch-Kartoffelpüree) und *Kalamarakia* (Tintenfischringe, in Mehl mit Eigelb paniert und gebraten). Allgegenwärtig ist der griechische Bauernsalat *(Choriatiki)* aus Tomaten, Gurken, Zwiebeln und Feta.

Nachtisch

Als Dessert isst man, wenn vorhanden, gewöhnlich Obst der Saison. Kaffee und Süßes werden traditionell nicht in den Restaurants serviert. Dazu wechselt man ins *Zacharoplastion*, wo man zu verführerisch-süßen Nascherein einen Kaffee schlürfen kann. Im *Galaktopolion* werden Milchprodukte, im *Kafenion* nur Kaffee, Ouzo und Erfrischungsgetränke, aber nichts zum Essen angeboten.

Getränke

Wenn man in einem Touristenlokal nicht explizit griechischen Kaffee bestellt, wird normalerweise Nescafé serviert. Im Sommer hat er, kalt aufgeschäumt als Frappé, den starken *elliniko kafe,* den man ungesüßt *(sketo),* mit etwas Zucker *(metrio)* oder süß *(gliko)* bestellen kann, schon fast als kretisches Nationalgetränk abgelöst.

Spezialitäten Kretas

Was hat Kreta an kulinarischen Besonderheiten? Da wären zunächst die Käsesorten. Der weiche Quarkkäse *Anthotiro* schmeckt etwas salziger als *Mizithra*, aber nicht so salzig wie Feta. Bröcklig und hart ist dagegen der *Kefalotiri*. Beide Sorten werden von den Schaf- und Ziegenzüchtern in den Bergen Kretas hergestellt. Zum Anthotiro oder Kefalotiri essen die Bauern in abgelegenen Gebieten, wo der nächste Bäcker weit ist, *Paximadi*, ein schrothaltiges getrocknetes Brot (ähnlich wie Zwieback), das vor dem Verzehr in Wasser eingeweicht werden muss.

Unter den nichtalkoholischen Getränken zählen die Bergtees zu den kretischen Spezialitäten. *Malotira* (male und tirare: »der die Übel herauszieht«) und *Diktamus* lindern alle möglichen Beschwerden.

Der kretische »Nationalschnaps« ist der *Raki,* ein Tresterschnaps, der als bewährtes Allzweckheilmittel gilt. Gern wird er zur Begrüßung angeboten. In vornehmen Hotelbars und Touristenorten findet man ihn nicht. Er wird in erster Linie für den Hausgebrauch hergestellt – wenn möglich, brennt man sich den Raki selbst.

Ähnliches gilt für die rötlichen Landweine Kretas, die überall anders schmecken. Sie werden als Fassweine aber nur von den Wirten ausgeschenkt, die die Tradition aufrechterhalten wollen, denn Flaschenweine bringen mehr ein. Wer sie probieren möchte, frage in den Dorftavernen nach *chima* oder nach *krassi apo to vareli* (offenem Wein).

Wegweiser zum guten Restaurant

Griechische Restaurants sind amtlich in Kategorien eingeteilt – von Luxusklasse mit sauberen Tischdecken und vielleicht Kerzenschein bis zum einfachen Lokal, wo man unter grellem Neonlicht auf abwischbaren Plastiktüchern isst. Allerdings sagt die Kategorie nichts über die Qualität des Essens aus, sondern nur über die Ausstattung des Lokals. Wer es authentisch mag: Restaurants, die auch im Winter geöffnet haben, in denen das Brot frisch ist und man das reine Olivenöl herausschmeckt, wo nicht Reis und Kartoffeln als Kombibeilage neben dem Souvlaki liegen, sind in der Regel die richtige Wahl!

Märkte auf Kreta

• Ein überbordendes Angebot an Waren lockt in die **Markthalle von Chania.** › S. 61

• Der **Bauernmarkt in Iraklion** [K3] findet samstags von 8 bis 15 Uhr in der Od. Ikarou statt.

• In der **Marktgasse von Iraklion** mit ihren zahlreichen Verkaufsständen herrscht eine quirlige Basaratmosphäre. › S. 106

• Dienstags von 8–14 Uhr bietet ein **bunter Bauernmarkt in Agios Nikolaos** [M4] in der Konstantinou Paleologou frisches Obst, Gemüse und andere Waren.

Eine fantasievolle und nicht ganz
unumstrittene Rekonstruktion:
der Palast von Knossos

TOP-TOUREN & SEHENS-WERTES

REGIONAL-BEZIRK CHANIA

Kleine Inspiration

- **Einen abendlichen Bummel unternehmen** am venezianischen Hafen von Chania › S. 62
- **Auf den Spuren von Alexis Sorbas wandeln** – in den Gassen des urigen Bergdorfs Kokkino Chorio › S. 66
- **Ein Sonnenbad nehmen** am herrlich langen Sandstrand von Georgioupolis › S. 67
- **Die schattige Kühle genießen** bei einer Wanderung durch die Imbros-Schlucht › S. 68
- **Das idyllische Städtchen Loutro** durchstreifen › S. 70

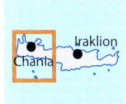

Reste venezianischer und türkischer Architektur in Chania, abgeschiedene Fischerdörfer an der Südküste, Naturerlebnis in der Samaria-Schlucht und Südsee-Feeling am Strand von Elafonisi.

Der westlichste und grünste Regionalbezirk ist nach der schönsten Stadt Kretas benannt: **Chania.** Altstadt und Hafen ziehen den Besucher in ihren Bann. Gäste flanieren auf der Promenade und bevölkern die zahlreichen Restaurants am Wasser. Doch bereits wenige Kilometer außerhalb der zweitgrößten Stadt Kretas überraschen typisch kretische Dörfer mit Ursprünglichkeit und Ruhe.

Neben Chania zählt die weltbekannte **Samaria-Schlucht** zu den Hauptattraktionen. Wer sie entdecken will, braucht körperliche Fitness und Ausdauer.

An der Nordküste erstrecken sich lange Sandstrände. So hat sich dort der organisierte Tourismus etabliert, etwa in **Georgioupolis.** Ein beliebtes Ziel für Wanderer sind die Weißen Berge mit Kretas zweithöchstem Berg **Pachnes** (2452 m). Im Spätwinter kann man dort sogar Skitouren unternehmen. Ganz im Südwesten zeigt sich dann die Insel von einer anderen, nicht weniger reizvollen Seite: am karibisch anmutenden Strand von **Elafonisi.**

An der schwerer zugänglichen **Südküste** sind die Buchten dagegen ein Ziel für Individualurlauber geblieben. So bleiben auch in **Chora Sfakion,** dem Hauptort des wilden Südens, nur wenige Gäste zurück, wenn abends die Tagesbesucher

wieder abgefahren sind. Das nur mit dem Schiff zu erreichende **Loutro** zählt zu den Highlights für all jene, die griechisches Flair und eine spektakuläre Szenerie suchen. Die Atmosphäre in den kleinen Dörfern an der Südküste ist um einiges ursprünglicher als im Norden. Aber auch dort besteht längst eine gute Infrastruktur mit familiär geführten Pensionen und kleinen Apartmenthäusern. Und kaum eine Bucht ist so abgelegen, dass es nicht doch eine Strandtaverne gäbe. Auf Ost-West-Verbindungen per Autostraße muss man allerdings verzichten. Die Verbindung zwischen den Küstenorten von **Paläochora** bis Chora Sfakion stellen Fähren sicher.

Oben: Loutro ist nur per Schiff zu erreichen.
Links: Janitscharenmoschee am
venezianischen Hafen von Chania

53

Touren in der Region

 Kretas Karibik

Route: Chania › Platanias › Kastelli › Elafonisi

Karte: Seite 56
Dauer: Tagestour; 110 km (einfache Strecke)
Praktische Hinweise:
- Die Tour wird als organisierter Ausflug von den Hotels angeboten.
- Wer sie mit dem Mietwagen angeht, kann von Elafonisi über eine Berg-Schotterpiste weiter bis Paläochora › S. 75 fahren.

Tour-Start:

Ganz im Südwesten zeigt sich Kreta von einer tropischen Seite, wie man sie im Mittelmeerraum nicht allzu häufig antrifft: türkisfarben das Wasser, weiß der Strand. Ganz klar, dass man an diesem paradiesischen Flecken mal die Füße in den warmen Sand gesteckt haben will.

Doch zuerst führt die Route von **Chania** 4 › S. 59 an der Küste entlang durch touristisch erschlossenes Gebiet. Die gut ausgebaute Küstenstraße passiert Platanias und Maleme › S. 59.

Auf dem Weg nach Kastelli lohnt ein Stopp im House of Art in Kaloudiana in der Odos Skalidi. Manolis Tsouris fertigt hier in seiner Werkstatt kleine und große Kunstwerke aus Olivenholz und Stein.

Bald danach erreicht man **Kastelli Kissamou** 1 › S. 59 mit seiner Promenade vor einem hübschen Kiesstrand. Ein paar Kilometer nach dem Ort geht es auf kurviger Straße nach Süden.

Am Strand von Paläochora

Kurz vor Elafonisi passiert man das sehenswerte **Kloster Chrisoskalitissa** 25 › S. 77, umgeben von einer ganz und gar friedlichen Atmosphäre.

Und dann wartet die kretische Karibik: Bei **Elafonisi** 24 › S. 77 breitet sich vor dem Besucher eine weiß-türkisfarbene Szenerie aus. Bequem watet man durch kristallklares Wasser zu einer kleinen Insel. Weiße, feinsandige Strände laden zum Baden ein. In der Hochsaison muss man sich allerdings auf viele Urlauber einstellen, die genauso neugierig auf diesen wunderbaren Strand sind. Erlebenswert bleibt es dennoch, dem Charme des Ortes kann man sich kaum entziehen. Am frühen Morgen und abends ist am wenigsten los.

 Ins Backpacker-Paradies

Route: **Chania** › **Maleme** › **Kandanos** › **Paläochora** › **Insel Gavdos**

Karte: Seite 56
Dauer: 1–2 Tage (ohne Gavdos);
85 km (einfache Strecke)
Praktische Hinweise:
• Von Chania fahren täglich Busse nach Paläochora. Von dort starten Fähren nach Gavdos › S. 76

Tour-Start:

Rucksacktouristen wissen, wo die Strände gut sind. Aus diesem Grund zieht es sie in den Inselsüden – nach Paläochora und in die benachbarten Küstenorte Koundoura und Sougia. Eine Stippvisite ist die Südküste aber auch für alle anderen wert.

Westlich von **Chania** 4 › S. 59 drängen sich etliche Hotelanlagen an den schmalen Stränden zwischen Hauptstraße und Meer – hier liegt eine Hochburg des Pauschaltourismus, aber die zu den hübschen Stränden führenden kleinen Sträßchen haben durchaus Charme. Auf der Strecke passiert man Maleme › S. 59 und den deutschen Soldatenfriedhof.

Geschichtlich Interessierte können in **Kandanos** 21 › S. 74, das im Zweiten Weltkrieg von deutschen Truppen zerstört wurde, einen Halt einlegen. Von dort geht es dann weiter zum eigentlichen Ziel: nach **Paläochora** 22 › S. 75 an der Südküste. Einst war »Pale« die Hochburg der Rucksackreisenden. Bis heute zieht es wegen seiner schönen Lage an der Südküste, der weitläufigen Strände und der günstigen Unterkünfte zahlreiche Individualurlauber an. Besonders reizvoll ist der Ort abends, wenn die Hauptstraße zur Fußgängerzone wird und sich alle in den zahlreichen Tavernen und Cafés treffen. Es lohnt sich also in Paläochora zu übernachten.

Wer noch mehr Ruhe, Einsamkeit, einfaches Leben und schöne Strände liebt, der steigt in Paläochora aufs Schiff zur einsamen Insel **Gavdos** 23 › S. 76 und bleibt ein paar Tage an Griechenlands südlichstem Vorposten. Wanderschuhe und ein gutes Buch – mehr braucht es dort nicht. Lassen Sie die Hektik einfach hinter sich!

Die Samaria-Schlucht

Tour 3

Route: Chania › Omalos-Ebene › Samaria-Schlucht / Samaria › Agia Roumeli › Chora Sfakion › Chania

Karte: Seite 56
Dauer: 1 Tag; die eigentliche Wanderung ist etwa 16 km lang

Praktische Hinweise:

- Am besten nimmt man den Linienbus oder schließt sich einer organisierten Tour an.
- Mit dem Pkw ist die beschriebene Tour nur möglich, wenn man jemanden hat, der einen morgens auf die Ebene nach Xiloskalo fährt und später in Agia Roumeli abholt.
- In jedem Fall Sonnenschutz, -hut und reichlich Wasser mitnehmen.

Touren im Regionalbezirk Chania

Tour ①

Kretas Karibik

Chania › Platanias › Kastelli › Elafonisi

Tour ②

Ins Backpacker-Paradies

Chania › Maleme › Kandanos › Paläochora › Gavdos

Tour ③

Durch die Samaria-Schlucht

Chania › Omalos-Ebene › Samaria-Schlucht/ Samaria › Agia Roumeli › Chora Sfakion › Chania

Tour ④

In den wilden Süden

Chania › Vrisses › Imbros › Chora Sfakion › Frangokastello

Tour-Start:

Die Wanderung durch die berühmte **Samaria-Schlucht** 18 › S. 70 zählt ohne Zweifel zu den Höhepunkten eines Kreta-Urlaubs. Sie ist landschaftliches und sportliches Erlebnis gleichermaßen. Aus Iraklion, Rethimnon und Chania starten Linienbusse frühmorgens hinauf zur Omalos-Ebene, dem Ausgangspunkt der Wanderung. Die Wanderung selbst ist durchaus anspruchsvoll und dauert fünf bis sechs Stunden. Man sollte also bei guter Kondition sein. Der Weg folgt einem Flussbett durch Waldbestand mit alten Bäumen. An der schmalsten Stelle, der Eisernen Pforte, verengt sich die Schlucht auf 3 m und die Felswände ragen 600 m steil empor.

Restaurants und Getränkebuden gibt es nur in Agia Roumeli, dem Endpunkt der Wandertour, nicht in der Schlucht. Auf halber Strecke, in dem verlassenen Dorf Samaria, das heute der Sitz des Naturschutzwärters ist, gibt es einen Picknickplatz und ein Notfalltelefon. Von Agia Roumeli aus erreicht man am späten Nachmittag das kleine Hafenstädtchen Chora Sfakion, von wo man per Bus den Rückweg antritt.

Wer nur einen kurzen Eindruck gewinnen möchte, fährt nach **Agia Roumeli 19** › S. 71 am meerseitigen Ausgang der Schlucht. Von dort ist ein kurzer, einstündiger Schluchtbesuch möglich. Wer die ganze Schlucht durchwandern möchte, sollte dies bergab von der Omalos-Ebene hinab zum Meer tun.

In den wilden Süden

Route: Chania › **Vrisses** › **Imbros** › **Chora Sfakion** › **Frangokastello**

Karte: Seite 56
Dauer: 1–2 Tage; 94 km (einfache Strecke)
Praktische Hinweise:
• Die Hälfte der Strecke ist eine kurvenreiche Bergstraße. Am besten fährt man sie mit dem Pkw. Mit Linienbussen ist sie kaum an einem Tag zu bewältigen.

Tour-Start:

Der wilde Süden Kretas ist touristisch noch weit weniger erschlossen als der Norden und fasziniert mit eindrucksvollen Gebirgslandschaften, atemberaubenden Ausblicken, einsamen Stränden und typischen kretischen Orten.

Die Tour verläuft zunächst an der Ostseite der Weißen Berge (Lefka Ori) nach **Vrisses 13** › S. 68. Dort geht es nun in Serpentinen hinauf über die Askifou-Hochebene und durch Ammoudari nach Imbros. Imbros ist Ausgangsort für die Durchwanderung der **Imbros-Schlucht 14** › S. 68, einer guten Alternative zur Tour durch die Samaria-Schlucht, zumal man das Erlebnis nicht mit Tausenden von Menschen teilen muss. Auch auf der Straße wird es spektakulär, sie schmiegt sich eng an steil abfallende Hänge, tief unten in der Schlucht verläuft der Maultierpfad – ein Postkartenidyll!

Über Serpentinen geht es hinunter nach **Chora Sfakion 15** › S. 68, der ruhigen Hafenstadt am Libyschen Meer. Nur am Spätnachmittag ist sie für kurze Zeit bevölkert: von zahlreichen erschöpften Touristen, den Bezwingern der Samaria-Schlucht, die hier in den Kafenia und Tavernen auf ihren ersehnten Heimtransport warten. Ansonsten geht es beschaulich zu. Der Ort ist ein guter Ausgangspunkt für Ausflüge in die Weißen Berge oder ins kleine Fischerdorf **Loutro 17** › S. 70, das nur von der Meerseite her zu erreichen ist. Die Sfakioten waren bekannt für ihren erbitterten Widerstand gegen die verschiedenen Besatzer. Aus diesem Grund sahen sich die Venezianer veranlasst, in Chora Sfakion und weiter östlich mächtige Festungsanlagen zu errichten. Allerdings ist davon nur noch **Frangokastello 16** › S. 69, 14 km östlich von Chora Sfakion, gut erhalten.

Unterwegs in der Region

Kastelli Kissamou **1** [B2]

Die kleine, an einer weiten Bucht gelegene Provinzstadt mit ihren 3500 Einwohnern und dem gemütlichen Fischerhafen wirkt verschlafen. Sie lebt mehr von Landwirtschaft und Handel als vom Tourismus. Der Strand unterhalb der Promenade ist grobkiesig. Vom Hafen werden Esskastanien aus dem Hinterland, etwa aus dem 56 m hoch liegenden Kastaniendorf Elos, verschifft.

In **Elos** wird Ende Oktober das Kastanienfest gefeiert, mit ausgelassener Musik und Tanz und viel gutem Essen.

Verkehr

- **Busse:** Mehrmals täglich Verbindungen nach Chania, einmal täglich nach Falasarna.
- **Fähren:** Mehrmals wöchentlich nach Piräus.

Kloster Gonia **2** [C2]

Am Ortsrand von **Kolimbari** liegt das Kloster Gonia. Der Ursprung des Klosters geht auf das 9. Jh. zurück, jedoch erhielt die von außen schmucklose Anlage ihr heutiges Gesicht im 17. Jh.

Die Klosterkirche birgt eine wertvolle Ikonensammlung, nähere Betrachtung verdient u. a. die Miniaturmalerei des »Jüngsten Gerichts« links an der Wand, wo auch Nicht-Christen – die »guten Könige« Dareios und Alexander der Große – neben Getauften die Freuden des Paradieses genießen. An der Ikonostase rechts unten erkennt man auf einer Ikone den Säulenheiligen Symeon Stylites. In Gonia wurden die Gebeine der 4500 gefallenen deutschen Soldaten – Opfer der Schlacht um Kreta im Mai 1941 – verwahrt, bevor sie in **Maleme** auf dem Soldatenfriedhof beigesetzt wurden.

Rodopou **3** [C2]

Die unbewohnte Halbinsel Rodopou bietet viele Möglichkeiten, ausgedehnte Wanderungen zu unternehmen. Im Dorf **Rodopos** begeht man am 29. August das Fest Johannes des Täufers. Früh am Morgen bricht der ganze Ort zu einer zwei Fußstunden entfernten Kapelle auf, um dort nach Vollzug der Liturgie und Kindstaufe ausgiebig zu feiern.

Chania **4** ⭐ [D2]

Die Einfahrt in das quirlige Zentrum von Chania (60 000 Einw.) kann in Stress ausarten. Schrittweise quälen sich Autos durch viel zu enge Straßen – Chania hat gemessen an seiner Einwohnerzahl die größte Autodichte Griechenlands!

Doch ist man erst einmal im Zentrum angelangt, winkt eine schmucke Perle: die teils verkehrsberuhigte Altstadt mit ihren Märkten und Basaren, venezianischen Wohnhäusern und dem pittoresken mittelalterlichen Hafen, an dem Einheimische wie Touristen abends flanieren und sich in den vielen Restaurants und Cafés niederlassen.

Rund um den Stadthügel am Hafen verschachteln sich pastellfarben gestrichene Häuser über minoischen und antiken Mauerresten. Einbezogen sind die Stadtmauern des Castelvecchio, die Palazzi der venezianischen Oberschicht, die Arsenale und die türkische Janitscharenmoschee am Hafen, die heute für Kunstausstellungen genutzt wird.

In der Antike hieß Chania Kydonia, eine Bezeichnung, die sich vom griechischen *kydonia* (Quitte) herleitet. Als die Venezianer Kreta im 13. Jh. übernahmen, nannten sie die Stadt La Canea und errichteten starke Festungsanlagen. Als erste Befestigung entstand im 13. Jh. das Castelvecchio um den Altstadthügel, dann im 16. Jh. eine modernere, ein größeres Areal umfassende Anlage mit einer Zitadelle an der Hafeneinfahrt.

1645 wurde Chania als erste kretische Stadt nach kurzer Belagerung von den Osmanen eingenommen. Es wurde Hauptstadt Kretas und blieb es bis 1972, als die Junta dem wirtschaftlich weiter entwickelten

Chania

A Markthalle
B »Ledergasse« Skridlof
C Katholische Kirche
D Archäologisches Museum
E Venezianische Patrizierhäuser
F Nautisches Museum
G Venezianischer Hafen
H Kirche Agios Nikolaos
I Stadtpark

Markthalle in Chania

Iraklion diese Rolle übertrug. 1913, nach dem Anschluss Kretas an das griechische Mutterland, wurde auf der Hafenzitadelle Firkas zum ersten Mal die griechische Fahne gehisst.

Von der Markthalle ⭐ zum Hafen

In der neoklassizistischen, 1911 errichteten **Markthalle** Ⓐ [b2] bekommt man ❗ sämtliche kretischen Agrarprodukte, aber auch Souvenirs. Beachtenswert ist die Architektur in Form eines gleichschenkligen Kreuzes; in den Kreuzarmen haben die Agrarbranchen ihre Stände. Ein Essen im Markthallen-Estiatorion im Kreis der Händler ist ein Erlebnis (tgl. 8–14 Uhr). **50 Dinge** ⑮ › S. 13.

In der **»Ledergasse« Skridlof** Ⓑ [b2] findet man eine so reiche Auswahl an Lederwaren aller Art wie sonst nur noch in Rethimnon. Wer möchte, kann sich dort auch Lederstiefel nach Maß anfertigen lassen. **50 Dinge** ㊴ › S. 16.

Das Volkskunstmuseum im Innenhof der **katholischen Kirche** Ⓒ [a2] zeigt vorwiegend kretische Webarbeiten und Möbel (unregelmäßige Öffnungszeiten).

Die gotische San-Francesco-Kirche, die Kirche des Franziskanerordens, beherbergt seit 1962 das sehenswerte **Archäologische Museum** Ⓓ ⭐ [a2]. Die Türken hatten aus der Kirche die Jussuf-Pascha-Moschee gemacht, wovon der Minarettstumpf und der Reinigungsbrunnen zeugen. Nach dem Anschluss an Griechenland war das Gotteshaus zunächst ein Kino, nach dem Abzug der deutschen Wehrmacht 1945 Depot für zurückgelassene deutsche Militaria.

Ausgestellt sind heute Objekte vom Neolithikum bis zur Türkenzeit (beschriftete Vitrinen). Glanzstücke sind die römischen Fußbodenmosaiken, die mythologische Szenen darstellen; als historische Quelle wichtig ist das berühmte minoische Siegel mit einer Stadtansicht und einem Waffenträger. Von besonderem Interesse sind auch die mehrfarbig bemalten Tonsarkopha-

Die Arsenale am Hafen von Chania vor der eindrucksvollen Kulisse der Weißen Berge

ge aus spätminoischer Zeit. Auf einem von ihnen sind Ziegen und eine Hirschjagd dargestellt. Die Urnen stammen aus der Nekropole von Armeni (Di–So 8.30–15 Uhr, Tel. 28 21 09 03 34).

Einige **venezianische Patrizierhäuser** Ⓔ [a2] mit schönen Fassaden und Portalen sind in der Odos Moschou und in der Zambeliou zu bewundern. Besonders beachtenswert sind der Renieri-Palast und die ehemalige Loggia (Haus Nr. 43 und 45). Die lateinische Inschrift auf dem Wappen, »*nulli parvus est census qui magnus est animus*«, bedeutet: »Niemand wird gering geschätzt, der groß im Geiste ist«.

Venezianischer Hafen ⭐

Das **Nautische Museum** Ⓕ [a1] unterhalb der Hafenbastion Firkas dokumentiert mit Schiffsmodellen, nautischen Geräten, Darstellungen wichtiger Seeschlachten und Fotos die griechische Seefahrtsgeschichte. Highlight ist die Rekonstruktion eines minoischen Schiffes der Bron-

zezeit. Im Obergeschoss wird eine Dokumentation zur Schlacht um Kreta gezeigt (Saison tgl. 9–17 Uhr).

Der **Venezianische Hafen** Ⓖ [a1] ist ab dem frühen Abend ❗ Treffpunkt von Einheimischen und Besuchern. Man geht in Gruppen auf und ab und lässt sich später in einem der Cafés nieder. Die Arsenale boten einst Platz für 40 Galeeren. Gegenüber, auf dem Wellenbrecher, an der **Kapelle Agios Nikolaos,** richteten Venezianer und Türken die zum Tode Verurteilten hin.

Der **Leuchtturm** am Ende der Mole ist ein Überbleibsel aus den Jahren 1830–1840, als Kreta für zehn Jahre den ägyptischen Hilfstruppen zur Ausbeutung überlassen wurde. Sie hatten dem Osmanischen Reich geholfen, den griechischen Aufstand zu unterdrücken. Als Herren über die Stadt bauten die Osmanen auch repräsentative Gebäude wie die Moscheen mit ihren Minaretten. Bereits 1645, noch im Jahr der Eroberung, ließen sie die **Janitscharenmoschee** errichten, sie ist das älteste türkische Bauwerk Chanias und wird heute als Ausstellungsraum genutzt. In den venezianischen **Arsenalen** haben mehrere Handwerker ihre Werkstätten, eines dient auch als Ausstellungsraum.

Hinter der alten Moschee erstreckt sich die Promenade Akti Tompazi und Akti Enoseos mit der Platia Katiaki. Die schicken Bars und Cafés sind besonders bei Studenten beliebt. Kaum ein Stuhl frei bleibt in den Livemusik-Tavernen – hier trifft Tradition auf Moderne – und das bei bester Stimmung!

Außerhalb des Zentrums

Auch die ursprünglich zu einem Dominikanerkloster gehörende venezianische **Kirche Agios Nikolaos** 🕐 **[b2]** wurde zur Moschee umfunktioniert (nach 1645) und bekam ein Minarett. Nach ihrer erneuten Umwandlung in eine orthodoxe Kirche (nach 1898) benutzte man dieses als Glockenturm. Unter der Platane auf dem Kirchplatz steht ein Denkmal für den Bischof von Chania, Melchisedek, der 1821 an diesem Baum aufgeknüpft wurde – eine »Präventivmaßnahme« der Türken, die eine Ausweitung des griechischen Aufstands nach Kreta befürchteten. Der **Stadtpark** 🕐 mit Cafés wurde 1870 vom türkischen Pascha von Chania nach dem Vorbild europäischer Gärten angelegt.

Info
EOT-Touristeninformation
• Megaro Pantheon | Tel. 28 21 09 29 43
www.chania.eu (in dt. Sprache)

Verkehr
• **Busse:** Dreimal täglich Linienbus vom Flughafen in die Stadt. Ein Taxi vom Flughafen nach Chania kostet ca. 23 €. Überlandbusse fahren am Busbahnhof in der Neustadt ab.
• **Fähren:** Vom Hafen in der Souda-Bucht (ca. 6 km außerhalb) täglich nach Piräus. Linienbus vom Hafen nach Chania und Rethimnon.

Hotels
Die Besonderheit Chanias sind luxuriöse Pensionen in renovierten venezianischen Patrizierhäusern, z. B.

Casa Delfino €€€
Luxuriöse Suiten in einem Palast aus dem 17. Jh. in der Altstadt, Dachterrasse mit Blick über den Hafen.
• Theofanous 9 | Chania
Tel. 28 21 08 74 00
www.casadelfino.com

Ifigenia I, II, III €€
❗ Stilvolle Studios unterschiedlicher Größe und Ausstattung. In der Altstadt in mehreren restaurierten Häusern.
• Campa/Angelou | Chania
Tel. 28 21 09 43 57
www.ifigeniastudios.gr

Porto Veneziano €€
Gutes Hotel der oberen Mittelklasse mit komfortablen Zimmern und schönem Blick auf den Hafen.
• Venezianischer Hafen | Chania
Tel. 28 21 02 71 00
www.portoveneziano.gr

Kleinere einfache, aber nette Strandhotels gibt es in **Nea Chora**, etwa 15 Gehminuten vom Zentrum, z. B.:

Elena Beach €
Einfach, am Strand, mit Restaurant.
• Akti Papanikoli 27 | Chania
  Tel. 28 21 09 76 33
  www.elena-hotels.com

Restaurants

Thelassa €€€
Der Name – *thea* für Blick, *thalassa*
für Meer – sagt alles über die schicke
Dachgartentaverne.
• Akti Tompazi 15 | Chania
  Tel. 28 21 04 56 88

Ta Chalkina €€
Inselküche mit kretischer Livemusik, beliebt bei Studenten. **50 Dinge** ⑧ › S. 13.
• Akti Tompazi 29–30 | Chania
  Tel. 28 21 04 15 70 | www.chalkina.com

Tamam €€
Die empfehlenswerte Taverne mit kretischer Kost ist in einem alten türkischen
Badehaus untergebracht.
• Odos Zambeliou 49 | Chania
  Tel. 28 21 09 60 80
  www.tamamrestaurant.com

Ta Neopia €€
❗ Hervorragende Fischgerichte und
Meeresfrüchte.
• Akti Enoseos 5 | Chania
  Tel. 28 21 05 22 55

Shopping

Ein beliebtes Mitbringsel sind kretische
Messer mit Schmuckmotiven. Die **Messerschmiede** haben in der **Sifaka-Straße** (Altstadt) ihre Läden.

Michalis Manousakis
Michalis Manousakis verkauft kunstvolle
Webarbeiten und kretische Rucksäcke.

Sein Geschäft ist Werkstatt und Schauraum zugleich; es gibt interessante Erläuterungen zum Weben auch auf Deutsch.
• Zambeliou 61 | Chania
  Tel. 28 21 07 47 36

Markthalle
In der wunderschönen Halle gibt es
neben Obst, Gemüse, Fleisch und Fisch
auch ein paar kleine Tavernen und Stände mit diversen anderen Waren.
• Platia Sefoukli Venizelou | Chania
  Mo–Sa 9–14, Di, Do/Fr bis 18 Uhr

Akrotiri-Halbinsel

Oberhalb von Chania Richtung
Flughafen befinden sich die Gräber
des großen Staatsmannes Eleftherios Venizelos (1864–1936) und seines Sohnes Sofoklis.

An der Ostspitze der Halbinsel
liegt vor der Kulisse des sog. »Sorbas-Berges« – hier wurde die legendäre Sirtaki-Schlussszene gedreht –
Stavros 5 [E2]. Erstaunlicherweise
ist in dem kleinen Ort an der lang
gezogenen Bucht trotz Sandstrand
und klarem, sauberem Wasser nicht
viel los. Zwar fahren Ausflugsbusse
die Tavernen am Fuße des Berges
an. Aber die Umgebung ist vom
Pauschaltourismus weitgehend unberührt. Hierhin zieht es eher Individualurlauber, die in kleineren
Apartmentanlagen Unterkunft finden. Am Strand kann man nicht nur
wunderbar chillen oder »Alexis
Sorbas« lesen, sondern auch zu
Tauchexkursionen starten. **50 Dinge**
④ › S. 12.

Im Inneren der Halbinsel trifft
man das prächtige Kloster **Agia Tria-**

da **6** [E2] mit gut erhaltener klassizistischer Fassade, aufwendig geschnitzter Ikonostase und einem Innenhof voller Pflanzen. Von dort führt die Straße durch eine Schlucht hinauf zum Kloster **Gouverneto** **7** [E2]. Von der festungsartigen Anlage aus erreicht man über einen Maultierpfad in Richtung Meer die **Bärenhöhle** (Stalaktit in Form eines Bären) und das verlassene Kloster **Katholikon**. Hier beeindruckt eine kühne Brückenkonstruktion über der Schlucht.

Auf Akrotiri befinden sich der kleine internationale Flughafen und an der Westküste ein NATO-Raketenübungsgelände (NAMFI – NATO Missile Firing Installation). Trotzdem ist die Halbinsel sehr ursprünglich und ruhig geblieben.

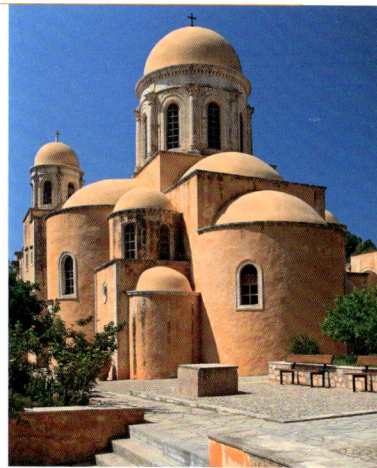
Kloster Agia Triada auf der Akrotiri-Halbinsel

Hotels

Blue Beach €–€€
Schöne Apartments mit Pool, kleine Bucht, feiner Sandstrand.
• Stavros | Tel. 28 21 03 94 04
www.bluebeach.eu

Restaurant

Almyriki €€
Ausgezeichetes Essen und leckere Salate serviert die Taverne am Strand von Stavros mit Windmühle. Herrlicher Ausblick. **50 Dinge** ⑯ › S. 13.
• Stavros, Strand | Tel. 28 21 02 94 89

Almirida **8** [E3]

Almirida liegt in einer Apokoronas genannten Landschaft, die sich von Chania bis Georgioupolis erstreckt. Wanderwege führen durch die Hü-

gel, die zu den fruchtbaren Gegenden der Insel zählen.

Der aufstrebende, nette Badeort an der Souda-Bucht bietet einen schönen Sandstrand und zahlreiche Fischtavernen mit einer angenehmen Atmosphäre. Die Einwohner Chanias kommen gerne zum Fischessen hierher. Es gibt nur wenige Hotels und Pensionen. Sehr reizvoll ist der Blick zur Halbinsel Akrotiri. Am Strand gibt es eine französische Wassersportstation mit ausgezeichneter Ausrüstung: Kajaks, Surfboards und Katamarane sowie eine Tauchbasis. **50 Dinge** ② › S. 12. In **Gavalochori** (5 km) lohnt der Besuch des Volkskundemuseums.

Hotel

Almyrida Resort €€
Direkt am Strand gelegen. Neue, moderne Studios. Alle Zimmer mit Balkon und Meerblick. Swimmingpool.
• Almirida | Tel. 28 25 03 22 84
www.almyridaresort.com

Restaurant

Café Françoise €

Gutes Frühstück, täglich frische Crois-
sants, Kuchen und Pancakes.

• Am Strand | Almirida

Kokkino Chorio [9] [E3]

Kokkino Chorio liegt malerisch an
der Souda-Bucht, wurde vom Tourismus noch kaum berührt und bietet daher nur wenig Übernachtungs-
möglichkeiten. Es ist aber mit den
engen und holprigen Gässchen und
seiner traditionellen Hausarchitek-
tur ein wunderschönes Beispiel für
ein altkretisches Dorf. Das »rote
Dorf« ist benannt nach dem Blut,
das 1821, zu Beginn des Unabhän-
gigkeitskampfes, hier vergossen
wurde, als türkische Streitkräfte 150
Frauen und Kinder in einer Höhle
unterhalb des Dorfs ermordeten.

Es liegt in einer paradiesischen
Landschaft; nur am Ortsrand stehen
moderne Stahlbetonbauten. Vor der
Kirche an der Platia wurde eine berühmte Szene des Films »Alexis
Sorbas« gedreht: die Steinigung der
Witwe und das Eingreifen Sorbas'.
Während der deutschen Besatzung
war bei Kokkino Chorio, am Ausgang der strategisch wichtigen Souda-Bucht, einer der wichtigsten Mi-
litärstützpunkte der Insel.

Oberhalb des Dorfs, bei der kleinen Kirche Agios Georgios, kann
man eine unterirdische Bunkeranla-
lage der deutschen Besatzungstrup-
pen besichtigen, drei Stollen führen
hinab. Von der Spitze des Kap Drapano führte damals eine Seilbahn
zum Bunkereingang herunter.

Unterhalb von Plaka und Kokkino Chorio gibt es einige schmale
Buchten mit Sandstrand. Bei ruhiger See kann man sich auch von den
Klippen, zu denen Wege hinabfüh-
ren, ins Wasser gleiten lassen.

Unterkunft

Im Dorf und um den Ort herum können
Ferienwohnungen und **Villen** gemietet
werden, teils mit Pool und fast immer
mit fantastischer Aussicht. Auch **Privatzimmer** werden angeboten.

Shopping

Andreas Tzompanakis

Mundgeblasene Objekte (u. a. Vasen,
Schalen, Lampen) aus recyceltem Glas.

• Am Ortseingang von Kokkino Chorio
www.blownglass.gr

Kap Drapano

Unbedingt lohnend ist ein Abstecher auf diese Halbinsel. Neben
einer grünen, erstaunlich waldrei-
chen Landschaft finden sich hier
ursprünglich gebliebene kretische
Dörfer, in denen noch einige Bewohner traditionellen Handwerken
wie dem Spitzenklöppeln nachge-
hen, und die fast nur noch von alten
Menschen bewohnt werden.

Vamos [10] [E3]

Ein schön gelegener Ort im Landesinneren und ein positives Beispiel
für sanften Tourismus. In den vergangenen Jahren wurden zahlreiche
Gebäude mit Hilfe von EU-Mitteln
liebevoll restauriert. Es gibt zudem
vielfältige kulturelle Angebote, Un-

terkünfte in renovierten Steinhäusern, gemütliche Restaurants und Geschäfte mit regionalen Produkten wie Käse, Honig, Kräuter, Wein und Olivenöl.

Georgioupolis 11 [E3]

Der vom Pauschaltourismus geprägte Badeort Georgioupolis, benannt nach Prinz Georg, der von 1898 bis 1905 Hochkommissar von Kreta war, liegt direkt am Knick der Bucht von Almirou. Im Norden fallen die Klippen des Kap Drapano steil ins Meer ab, im Osten erstreckt sich kilometerweit **!** ein breiter Sandstrand. Der ältere Ortskern gruppiert sich um den Dorfplatz mit einigen Restaurants und Pensionen. Die Hotelzone dehnt sich am Sandstrand immer weiter aus.

Reizvoll sind der Anblick des wohl wasserreichsten Flusses auf der ganzen Insel, in dessen Mündung bunt bemalte Fischerboote sowie einige Jachten vor sich hin schaukeln, und der großen *Platia* mit ihren Schatten spendenden Eukalyptusbäumen. Dort sowie in den angrenzenden Straßen findet man mehrere kleine Hotels.

Hotels

In Georgioupolis gibt es v. a. Pensionen und kleine Hotels.

Mare Monte €€
Angenehmes Hotel mit Pool und Animationsprogramm direkt am breiten Sandstrand.
• Tel. 28 25 06 13 90
  www.mare-monte-beach.com

Deep Blue Sea €
Recht modernes Studio- und Apartmenthaus mit schlichter Einrichtung, Meerblick und Taverne.
• Am Hauptstrand | Georgioupolis
  Tel. 28 25 08 30 09
  www.deepblue-gr.com

Kalivaki €
Schöne Studios mit Pool, nette Taverne.
• Am Strand hinter der Flussmündung
  Georgioupolis | Tel. 28 25 06 13 16
  www.kalivaki.com

Restaurant
Arkadi €
Von der Lage her schön, die Inhaber sprechen Deutsch. Die flache Badebucht neben dem Lokal ist für Kinder ideal.
• An der Flussmündung am Meer
  Georgioupolis

Kournas 12 [F4]

Der Süßwassersee von Kournas in der Nähe des gleichnamigen Ortes ist fast rund, liegt am Fuß steiler Ausläufer der Weißen Berge und ist der einzige natürliche Süßwassersee der Insel. Wer vom salzigen Meer einmal genug hat, kann im klaren Wasser baden. Es werden sogar Tret- und Paddelboote vermietet. Der See ist auch bei den Einheimischen ein beliebtes Ausflugsziel.

Restaurants
Direkt am Seeufer warten mehrere schön gelegene, recht touristische, aber dennoch ordentliche Tavernen auf Besucher. Mehrere angenehme Esslokale gibt es auch im etwa 3 km oberhalb des Sees gelegenen Dorf Kournas.

Terra Cotta
Der Familienbetrieb an der alten Natio-
nalstraße bietet nach traditioneller Art
handgefertigte Keramik zum Verkauf an.
• www.terra-cotta.gr

Vrisses 13 [E3]

Vrisses liegt auf halber Strecke zwischen Chania und Rethimnon an
der Abzweigung der Südküsten-
straße. Touristen und Einheimische
kommen zum Essen hierher. Mächtige Platanen stehen auf der Platia
beiderseits des Flusses Voutakas,
der bei Georgioupolis ins Meer
fließt. Kulinarische Spezialitäten
des Ortes sind Bergkäse, Schafsjo-
ghurt in Tonschalen und frisches
Hammelfleisch. Die Tavernen rund
um den Hauptplatz werden von den
Hirten der Weißen Berge beliefert.

Imbros 14 [E4]

Hier finden Wanderer eine Alternative zur Samaria-Schlucht. Der
Einstieg zur nur 8 km langen, aber
ebenso üppig mit Steineichen, Zypressen, Mandel- und Feigenbäu-
men bewachsenen **Imbros-Schlucht**
(3 € Eintritt) liegt am Ortsende von
Imbros, am Kafenion links der Straße. Der Maultierweg, noch bis in die
1950er-Jahre einziger Zugang zur
Südküste, führt längs des Schlucht-
baches hinunter zur Küste. Die
Wanderung dauert gut 2 Std. (genü-
gend Getränke mitnehmen!) und
endet bei **Komitades,** wo Tavernen
mit schöner Aussicht und mehrere
Privatzimmer zur Verfügung ste-

hen. Auch am Schluchtausgang
kann man sich in Tavernen erfri-
schen. Leider ist die Busanbindung
schlecht. Häufig warten in Komitades auch Taxis – den Preis vor der
Fahrt aushandeln!

Chora Sfakion 15 [E4]

Schon zur Türkenzeit trieben sfa-
kiotische Kaufleute mit Hunderten
von Schiffen unbehelligt von den
Besatzern Handel. Einer dieser frei-
en Kaufleute, Ioannis Vlachos, genannt Daskalojannis (Johannes, der
Lehrer), organisierte in Zusammen-
arbeit mit Russen den Aufstand von
1770/71. Der Aufstand scheiterte.
Daskalojannis wurde bei lebendi-
gem Leibe in Iraklion gehäutet.

Heute belebt sich Chora Sfakion
zweimal am Tag: morgens, wenn
das Schiff nach Agia Roumeli, zur
Samaria-Schlucht › **S. 70,** ablegt,
und nachmittags, wenn es zurück-
kehrt. Morgens fahren die Touristen, die die Schlucht auf die entspannte Art (»Samaria the lazy
way«), d.h. nur bis zur »Eisernen
Pforte« (2–3 Std. hin und zurück),
erwandern möchten. Nachmittags
kommen mit ihnen die zurück, die
die ganze Schlucht bezwungen haben.

Ansonsten geht es in Chora Sfakion noch ziemlich ruhig zu. Am
Kai gibt es Tavernen. Schöne Wanderungen lassen sich ins Hinterland
unternehmen, z.B. zum Bergdorf
Anopolis oder nach **Loutro** › **S. 70** (ab
Anapolis ca. 1 Std.). In der Umge-
bung gibt es mehrere attraktive
Strände wie Gliká Nera und Ilingas.

Hotel

Xenia €–€€

Einfache, aber angenehme Zimmer, herrlicher Meerblick.

• Am Hafen von Chora Sfakion
Tel. 28 25 09 12 02
www.sfakia-xenia-hotel.gr

Verkehr

• **Busse:** Nach Chania (letzter Bus
18.15 Uhr), im Sommer auch nach
Rethimnon.
• **Fähren:** Nach Loutro, Agia Roumeli,
Sougia und Paläochora.

Frangokastello 16 [E4]

Die verstreut liegenden Häuser des
Ortes, 16 km östlich von Chora Sfakion, liegen in einer fast schon
nordafrikanisch anmutenden Landschaft auf einem schmalen Küstenstreifen vor einer steil aufragenden
Bergkulisse. Die am Meer gelegene ❗ imposante Festung wurde
1371, nach der Eroberung der Insel,
von den Venezianern errichtet. Auf
den ersten Blick wirkt sie gut erhalten, es stehen aber nur noch die eindrucksvollen Außenmauern, und
vor der Festung wird mit einer Büste und einem Denkmal zweier Freiheitskämpfer gedacht.

Frangokastellos Sandstrand gehört zu den schönsten Kretas, außerdem existiert ein kleiner Hafen
mit Taverne. Neben dem Hauptstrand gibt es kleinere, benachbarte
Buchten mit dünenartigen Sandformationen, aber kaum Schatten.
Die sehr flach auslaufende Küste ist
besonders für Kinder ideal.

Hotel/Restaurant

Blue Sky €€

Empfehlenswerte kleine Apartmentanlage unter deutsch-griechischer Leitung, mit Pool und Restaurant.

• Frangokastello | Tel. 28 25 09 20 95
www.blue-sky-kreta.de

In Frangokastello wacht ein eindrucksvolles Kastell über die Badenden

Verkehr

Busse: In der Hauptsaison fahren die Busse auf der Strecke Frangokastello – Chora Sfakion sechs- bis achtmal tgl., Halt unten am Kastell, in der Nebensaison maximal einmal tgl., Busstopp 3 km außerhalb an der Hauptstraße.

Loutro 17 ⭐ [D4]

Der kleine, pittoresk direkt an eine Felswand gebaute Ort mit seinen engen Gässchen und blendend weißen Häusern ist ❗ eine Postkartenschönheit. Loutro erreicht man nur mit dem Schiff, etwa von Agia Roumeli oder Chora Sfakion aus, oder durch eine mühsame Klettertou. Vor den Häusern liegen ein hübscher Kiesstrand und die Mole, von der Boote im Sommer zu den benachbarten Badebuchten auslaufen. In den umliegenden Bergen sind herrliche Wanderungen möglich.

In der Hochsaison werden zahlreiche Zimmer vermietet, aber nachdem die letzten Ausflugsboote Loutro verlassen haben, senkt sich eine intime, familiäre Stimmung über den Ort.

Info

• www.loutro.gr/de

Hotel

Hotel Porto Loutro I €€
Schönes kleines Hotel direkt am Strand. Gut eingerichtete Zimmer mit Balkon und Meerblick. Eine Dependance liegt etwas oberhalb.
• Loutro | Tel. 28 25 09 14 33/44
  www.hotelportoloutro.com

Samaria-Schlucht 18 ⭐ [D4]

Die Schlucht, eine der längsten Europas, ist seit 1962 griechischer Nationalpark. Hier hat die vom Aussterben bedrohte kretische Bergziege Agrimi (Bezoarziege, auch Krikri genannt) ein Refugium gefunden, hier wachsen seltene Orchideen und rund 70 endemische Pflanzen, und hier finden sich noch alte Zypressenwaldbestände.

Rund 3000 Menschen pro Tag durchwandern im Sommer die eindrucksvolle Schlucht, was der schützenswerten Natur nicht gerade gut tut. Neben dem Palmenstrand von Vaï ist die Samaria-Schlucht die meistbesuchte Natursehenswürdigkeit Kretas. Die 5- bis 6-stündige und etwa 16 km lange Wanderung beginnt in Omalos, von dort geht es stetig bergab, bis zum verlassenen

SEITENBLICK

In die Weißen Berge

Von der Omalos-Ebene aus lassen sich reizvolle Tageswanderungen in die Weißen Berge (Lefka Ori) unternehmen. Übernachten kann man in der einfachen Kallergi-Hütte hoch oben am Rand der Samaria-Schlucht (geöffnet April–Okt., Mehrbettzimmer und Lager, unbedingt rechtzeitig anmelden, Tel. 00 30 69 76 58 58 49, www.kallergi.co) oder in einem der C-Klasse-Hotels im Dorf Omalos, z. B. **Hotel Neos Omalos**
• Tel. 28 21 06 72 69
  www.neos-omalos.gr

Dorf Samaria ist die Schlucht weit und offen. Danach verengt sie sich immer mehr, bis die Felswände bei den Sideroportes (Eisernen Pforten) auf 3–4 m zusammenrücken. Die letzten 4 km führen durch eine weite Küstenebene nach **Agia Roumeli.** Von dort fahren täglich zwischen 15 und 18 Uhr Schiffe nach Chora Sfakion und Paläochora ab.

Beim Betreten der Schlucht wird eine Eintrittsgebühr von 5 € erhoben; das Ticket dient auch zur Kontrolle, ob nach Einbruch der Dunkelheit alle Wanderer die Schlucht wieder verlassen haben (deshalb muss man das Ticket am Ausgang bei Agia Roumeli abgeben).

Wer nicht im Pulk wandern möchte, hat nur zwei Möglichkeiten, dies zu vermeiden. Die erste besteht darin, abends Omalos anzufahren und in einer der zahlreichen Pensionen an der Omalos-Ebene zu übernachten (Voranmeldung ist in der Regel nicht nötig); am nächsten Morgen sollte man dann allerdings spätestens gegen 6 Uhr aufbrechen. Die zweite Möglichkeit wäre, nur ein paar Kilometer die Schlucht hinunter- und anschließend wieder zurückzuwandern.

Die Schlucht ist von Anfang Mai (das genaue Datum hängt von den Wetterverhältnissen ab) bis Ende Oktober zugänglich (tgl. 6–15 Uhr).

Einen kurzen Einblick erhalten Besucher, wenn sie nach Agia Roumeli fahren und von dort etwa 1 Std. in die Schlucht hineinlaufen. Diese Möglichkeit wählen allerdings die meisten Touristen. Folglich wandert man so wieder im Pulk.

Kretas Natursehenswürdigkeit Nr. 1: die Samaria-Schlucht

Achtung: Auch wenn in der Schlucht klare Quellen sprudeln, sollte man WASSER MITNEHMEN und die Flaschen zwischendurch für die letzte Wegstrecke auffüllen. Wegen der vielen spitzen Steine ist GUTES SCHUHWERK unabdingbar, ebenso ein HUT und SONNENSCHUTZMITTEL.

Agia Roumeli 19 [D4]

Das Küstendörfchen lebt fast ausschließlich von den Wanderern, die sich nach ihrem Marsch durch die Samaria-Schlucht in die Tavernen stürzen. Wer hier übernachtet, kann am nächsten Tag zur türkischen Festung hinaufsteigen (1,5 Std. einfach), die einst die Küste am Libyschen Meer bewachte. Baden kann man an einem Kiesstrand.

Wanderparadies Kreta –
Faszination Einsamkeit

Sie bleibt der Renner: die Samaria-Schlucht. Mehrere tausend Menschen stapfen im Sommer täglich im Gänsemarsch durch den Nationalpark und bestaunen die *Sideroportes,* die Eisernen Pforten, an denen die Steilwände beängstigend nah aneinanderrücken. Die Wanderung ist ein Erlebnis – zweifelsohne. Allerdings ein rundherum organisiertes, das nur im Tross mit unzähligen anderen Urlaubern zu haben ist. So manchem ist das zu viel Rummel, zu wenig eigenes Naturerlebnis. Das kann man auf Kreta freilich genauso haben.

Denn *to megalo nisi,* die große Insel, ist in weiten Teilen eine einsame Gebirgslandschaft, durchzogen von einem Netz alter Wege und Maultierpfade. Das mythenschwere

Ida-Gebirge, die bis in den Sommer hinein schneebedeckten Lefka Ori, das Thripti-Gebirge oder die bizarren Küstenstriche am Mirabello-Golf sind einsame Wanderparadiese. Die beste Zeit für Wanderungen auf Kreta ist der Frühling, wenn bunte Blumenteppiche die raue Bergwelt verzaubern, wenn sich Margeriten und Anemonen, Orchideen und Narzissen sachte im Wind wiegen.

Hitze im Gepäck

Die Touren bergen auch Gefahren. Die Hitze und der Bedarf an Wasser in den Sommermonaten werden häufig unterschätzt, und es ist kein Gerücht, dass auf Kreta schon Wanderer verdurstet sind! In besonders einsamen Gegenden kann es passieren, dass tagelang kein Mensch auftaucht. Auch plötzliche Wetterwechsel, vor allem im Frühling oder Herbst, sind nicht selten. Da man Wegmarkierungen meist vergeblich suchen wird – bei allen zaghaften Bemühungen der Kreter, mittels roter Farbkleckse, die meist verblichen und überwuchert sind, den rechten Weg zu weisen –, ist guter Orientierungssinn gefragt.

Folge nie der Ziege …

Orientierungssinn haben die Führer aus den Bergdörfern, die in der steinernen Wildnis jede Felsnase und jede Quelle kennen und ihre Dienste anbieten. Man erkundigt sich im Ort (z. B. im Kafenion) oder beim Bergsteigerverein. Wer allein gehen will, der beherzige im Fall aller Fälle eine uralte griechische Regel: »Folge nie der Ziege, denn sie führt dich gewiss an einen Abgrund. Folge stets dem Esel, denn er führt dich am Abend sicher in ein Dorf.«

Info

- **Griechischer Bergsteigerverein**
  Iraklion, Tel. 28 10 22 76 09
  Rethimnon, Tel. 28 31 02 27 10
  Chania, Tel. 28 21 04 46 47
- Zahlreiche Reiseveranstalter bieten Wandertouren auf Kreta an, darunter **Studiosus Reisen**, Tel. 089/50 06 00, www.studiosus.com.
- Es gibt diverse Veranstalter, z. B. **Wikinger Reisen, Hauser Exkursionen** sowie **ASI Reisen** (www.asireisen.de).
- Wer vor Ort spontan Lust zum Wandern bekommt, der kaufe sich einen Wanderführer oder wende sich an

Happy Walker in Rethimnon, Tel. 28 31 05 29 20, www.happywalker.com, oder an **Strata Walking Tours**, Kastelli-Kissamou, Tel. 28 22 02 42 49, www.stratatours.com.
- Geführte Wandertouren in Ostkreta auch bei **Iannis Alexandridis**, Mochlos, Mobil-Tel. 69 73 75 73 41, www.kretawandern.de.

Fernwanderweg E4

Der mit gelb-schwarzen Schildern gekennzeichnete Fernwanderweg E4 von Kato Zakros im Osten bis nach Kastelli Kissamou im Westen gehört zu den schönsten Routen auf der Insel. Er ist nur in mehreren Etappen zu bewältigen. Auf der Nida-Hochebene kann man sich entscheiden, ob man die gebirgigere Nordroute einschlägt oder die Südküste entlang weiterwandert. Infos und Kartenmaterial gibt es bei der EOT oder bei den Bergsteigervereinen (siehe links). Allerdings darf man nicht zu viel erwarten: Exakte Kreta-Wanderkarten sind leider nicht auf dem Markt!

Unterwegs von Paläochora nach Elafonisi

Verkehr

Fähren: Mehrmals täglich Verbindungen nach Loutro, Chora Sfakion und Paläochora.

Hotel

Artemis Studios €

Etwas außerhalb am Kiesstrand gelegene Anlage; großzügige Apartments mit Balkon, gute Taverne.

• Tel. 28 25 09 13 77 | Agia Roumeli
www.agiaroumeli.com

Restaurant

Artemis €€

In der Taverne werden kretische Spezialitäten im Tontopf serviert.

• Agia Roumeli | Tel. 28 25 09 30 93

Sougia 20 [C4]

Im kleinen, ruhigen Strandort am Ausgang einer Schlucht zwischen hohen Felswänden gibt es überwiegend Privatzimmer und nur wenige kleine Hotels.

Interessante Wanderungen zu den Resten der antiken Stadt **Lissos** sind möglich (gut 1 Std., hier sind die Überreste eines ehemals bedeutenden Äskulap-Heiligtums zu besichtigen, dessen Ruinen teilweise überwuchert sind). An dem **!** langen, breiten Sand-/Kiesstrand mit einigen Tavernen und Cafés trifft sich vornehmlich ein etwas jüngeres Publikum, das häufig mit dem Rucksack unterwegs ist.

Grandios und bislang nur wenig besucht: Durchwandern Sie die hübsche **Agia-Irini-Schlucht,** die bei Sougia zum Libyschen Meer ausläuft. Beliebt ist auch die vierstündige Wanderung entlang der Küstenlinie nach Paläochora.

Verkehr

• **Busse:** Täglich ein- bis zweimal nach Chania, morgens 7 Uhr Bus zum Schluchteingang Agia Irini.
• **Fähren:** Von Mai bis Oktober mehrmals wöchentlich nach Paläochora und Agia Roumeli.

Hotel

Captain George €

Einfache, ruhige Pension für Urlauber ohne besondere Ansprüche.

• Ortsmitte | Sougia
Tel. 28 23 05 11 33

Kandanos 21 [C3]

Wie Anogia im Ida-Massiv und viele andere Orte auf Kreta wurde Kandanos (ca. 1000 Einw.) im Juni 1941 – es hatte damals etwa 2000 Einwohner – von deutschen Truppen bis auf die Grundmauern zerstört. Außerdem töteten die Deutschen alle Einwohner, deren sie habhaft werden konnten. Diesem schrecklichen Vergeltungsakt vorausgegangen war, dass kretische Widerstandskämpfer einen Vorstoß der Deutschen zur Südküste aufgehalten und 25 Soldaten getötet hatten.

Auf dem Marktplatz steht auf einer der Mahntafeln, Kopien der von den Deutschen damals angebrachten Schilder, auf Deutsch und Griechisch geschrieben: »Hier stand Kandanos. Es wurde zerstört als Sühne für die Ermordung von 25 deutschen Soldaten.«

Paläochora liegt auf einer Landzunge

Paläochora 22 [C4]

Der Badeort Paläochora liegt malerisch auf einer Landzunge unterhalb einer zerstörten venezianischen Festung aus dem 13. Jh. Hier gibt es keine großen Hotels wie in den Urlaubszentren der Nordküste, sondern kleine Pensionen und Privatzimmer, die von Einheimischen vermietet werden. Reiseveranstalter haben Paläochora noch kaum in ihren Katalogen. Vornehmlich Individualreisende bevölkern den Ort. Sie schätzen die feinen Sandstrände, die Ausflugs- und Wandermöglichkeiten in die landschaftlich ursprüngliche Umgebung, z. B. zum Strand von Elafonisi, auf die Insel Gavdos › S. 76, nach Sougia oder in die stillen Bergdörfer. Dennoch hat Paläochora ein reges Nachtleben. Wer Ruhe sucht, der sollte seine Unterkunft nicht gerade nahe der Hauptstraße wählen, die abends zur Fußgängerzone und Bummelmeile wird, in der dann die Stühle und Tische auf die Straße gestellt werden.

Info

Touristeninformation
• Elefteriou Venizelou | Paläochora
www.paleochora.de

Verkehr

• **Busse:** Mehrmals täglich nach Chania und frühmorgens nach Omalos zum Eingang der Samaria-Schlucht.
• **Fähren:** April–Okt. täglich nach Sougia, Agia Roumeli, Loutro, Chora Sfakion, mehrmals wöchentlich nach Gavdos. Täglich Badeboote nach Elafonisi.

Hotels

Elman €€
Aufwendig eingerichtete Apartments, Gäste dürfen sich auf ein tolles Frühstücksbuffet freuen.
• Direkt am Strand | Paläochora
Tel. 28 23 04 14 12 | www.elman.gr

Sandy Beach €–€€
Kleines Hotel; gepflegte Zimmer mit
Balkon und Meerblick.
• 20 m vom Strand | Paläochora
  Tel. 28 23 04 21 38
  sandy-beach.gr

Restaurants
Café Almyrida €€
Gute Frühstücksadresse mit Terrasse
unter weit ausladender Tamariske.
• Im alten Gavdos-Viertel | Paläochora

Galaxy €–€€
Auf Fisch spezialisierte Taverne, die auch
Studios und Apartments vermietet.
• Am Kieselstrand | Paläochora

Kretas Top-Strände
....

• **Georgioupolis:** Weitläufiger
  Familien-Sandstrand. › S. 67
• **Sougia:** Lang gestrecke Sand-
  und Kiesbucht für Individualisten.
  › S. 74
• **Elafonisi:** Ein Hauch von Karibik
  auf Kreta. › S. 77
• **Preveli:** Malerische Bucht, perfekt
  für einen Bootsausflug. › S. 92
• **Plakias:** Schöner Sandstrand an
  einem lebendigen Urlaubsort.
  › S. 93
• **Voulisma Beach in Istro:** Heller
  Sand und flaches Wasser, toll
  auch mit Kindern. › S. 136
• **Vaï:** Wunderschöner Palmen-
  strand, meist sehr voll. › S. 139
• **Xerokambos:** Herrliche Bucht,
  bislang nicht überlaufen, weil et-
  was abgelegen. › S. 141

Odyssea €
Die angeblich beste Pizza Kretas.
• An der Hafenpromenade | Paläochora

The Third Eye €
Vielfältige vegetarische Kreationen, teils
mit asiatischem Touch.
• An der Stichstraße zum Sandstrand
  Paläochora

Insel Gavdos **23** [D6]

Wer es einsam haben möchte, der
fährt auf diese raue Insel, auf der
nur noch ca. 40 Menschen ständig
leben. Gavdos gilt als Heimat der
Kalypso, die Odysseus jahrelang
festgehalten hatte. Getreide wird hier
noch wie vor 2000 Jahren angebaut.
Eine Solaranlage und Windräder
sorgen für Strom. Im Sommer bringen Tagesausflügler aus Paläochora
und Chora Sfakion Abwechslung.
Von den Stränden ist der von Sara-
kiniko der schönste. Wer einsamer
baden möchte, der fährt nach Kor-
fos. Von dort führt ein angelegter
Wanderpfad zwischen Kalabrischen
Kiefern *(pinus brutia)* zum Kap Tri-
piti, dem südlichsten Flecken Land
in Europa.

Verkehr
Fähren: Im Sommer täglich Ausflugs-
schiffe ab Paläochora (Fahrzeit 4 Std.)
und viermal wöchentlich ab Chora Sfakion (2,5 Std.). Transportfahrzeuge zu
den Stränden.

Hotels
Unterkünfte bucht man in der Hochsaison am besten über eines der Reisebüros in Paläochora.

Das Meer bei Elafonisi mutet durch seine intensiven Blautöne fast karibisch an

Elafonisi 24 ⭐ [B4]

Der ❗ schönste Sandstrand Kretas
bietet geradezu Südseeatmosphäre.
Das Wasser schimmert hier von
blau über türkis bis grün. Zu der ge-
genüberliegenden Hirschinsel, die
ebenfalls herrliche Sandstrände und
hohe Sanddünen besitzt, kann man
hinüberwaten. Die Strände sind im
Sommer hoffnungslos überlaufen,
aber umso schöner in der Vor- und
Nachsaison, wenn nur wenige Badegäste hier ihre Handtücher aus-
rollen. Auf der Insel erinnert ein
Denkmal an 600 hier 1824 von den
Türken ermordete Widerstandskämpfer, darunter auch Frauen und
Kinder. Sie hatten sich auf die Insel
geflüchtet und dort versteckt. Doch
die Türken entdeckten den damals
noch tieferen und breiteren Übergang nach Elafonisi, sodass es für
die Flüchtlinge kein Entkommen
mehr gab. **50 Dinge** ⑩ › S. 13.

Das weiß gekalkte **Kloster Chrisoskalitissa** 25 [B3] (17. Jh.), in dem
ein Mönch lebt, liegt wie eine Festung auf einem 35 m hohen Felsen
über dem Meer, 6 km nördlich von
Elafonisi. Einer Legende zufolge soll
nur derjenige, der gänzlich sünden-
frei ist, die »goldene Stufe«, nach
der das Kloster benannt ist, erkennen können (tgl. 9–12, 15–17 Uhr).

Verkehr

• **Busse:** Linienbusverbindungen ab
Kastelli und Chania.
• **Tagestouren** inklusive Besuch des
Klosters Chrisoskalitissa können z. B.
bei Elafonisos Travel in Chania ge-
bucht werden (Tel. 28 21 03 35 00).

Restaurant

Glykeria €
Die Taverne bietet eine tolle Aussicht
auf die Küste. Serviert werden kretische
Gerichte
• Nördl. von Elafonisi

REGIONAL-
BEZIRK
RETHIMNON

Kleine Inspiration

- **Das orientalische Flair genießen** beim Bummel durch die Altstadt von Rethimnon › S. 84
- **Eintauchen in griechische Geschichte** im Kloster Arkadi › S. 87
- **Schöne Töpferwaren kaufen** in Margarites › S. 88
- **Den Psiloritis besteigen,** den höchsten Berg Kretas › S. 90
- **Einen herrlichen Badetag einlegen,** am Traumstrand von Preveli › S. 92

Orientalisches Flair in der Altstadt von Rethimnon, Töpferhandwerk in Margarites, Bergeinsamkeit auf der Nida-Hochebene, pulsierendes Nachtleben in Agia Galini, Sonnenbaden am Traumstrand von Preveli.

Zwischen Chania im Westen und Iraklion im Osten liegt der Regionalbezirk Rethimnon, benannt nach der gleichnamigen, sehenswerten Hafenstadt an der Nordküste. Sie ist gleichzeitig der perfekte Ausgangspunkt für die Erkundung der Region, denn praktisch alle größeren Straßen laufen auf Rethimnon zu. Westlich und östlich der Stadt erstrecken sich weite Sandstrände, die touristisch gut erschlossen sind und vorzugsweise von Pauschalurlaubern besucht werden. Eine gut entwickelte Hotellerie und angenehme Ferienorte wie **Bali** oder **Panormos** mit ihren typischen Tavernen am Meer bieten beste Voraussetzungen für einen erlebnisreichen Aufenthalt. Ein Abstecher nach Rethimnon zum Shoppen, Bummeln oder auf einen Drink am venezianischen Hafen ist eine unterhaltsame Ergänzung zum Sonnenbaden.

Im Hinterland erhebt sich eine wildzerklüftete Berglandschaft mit grünen Tälern und malerischen Bergdörfern, die man keinesfalls versäumen sollte. Kreta-Atmosphäre pur ist in den teils noch recht ursprünglichen Orten erhalten geblieben. Auf einer Fahrt über die kleinen Bergstraßen kann auch schon ein-

mal ein Hirte mit seiner Schaf- und Ziegenherde den Weg versperren. Ganz im Westen des Bezirks steigt auch Kretas höchster Berg, der **Psiloritis**, bis auf eine Höhe von 2456 m aus dem mächtigen **Ida-Gebirge** empor – ein lohnendes Ziel für Bergsteiger. Nicht ganz so hoch, aber sehr reizvoll liegt in den Bergen das vielleicht wichtigste Nationaldenkmal Kretas, das **Kloster Arkadi,** für alle Griechen ein Symbol für den Widerstand gegen die 400-jährige türkische Besatzung.

Im Süden fallen die Berge recht steil zur Küste ab und bilden dort zahlreiche größere und kleinere Buchten. Einige wie **Agia Galini** oder **Plakias,** ehemalige Fischerdörfer, sind gut erschlossen, andere hingegen noch fast einsam und manche gar nur mit einem Boot zu erreichen. Der viel besuchte Strand von **Preveli** ist sicherlich einer der schönsten der Insel. Im bescheideneren Rahmen finden sich die Urlaubsorte an der Südküste auch in den Prospekten der Reiseveranstalter, beliebt sind sie aber vor allem bei individualreisenden Kreta-Fans, die die entspannte Atmosphäre und das spezielle Südküsten-Flair schätzen. Viele kommen seit Jahren immer wieder und nehmen auch den häufig stürmischen Wind gerne in Kauf. An Zimmern und Apartments herrscht kein Mangel.

Entspannte Stimmung am venezianischen Hafen von Rethimnon

Touren in der Region

 ## Klosterbesuch & Strandleben

Route: Rethimnon › Preveli › Plakias

Karte: Seite 82
Dauer: Tagestour; 55 km (einfach)
Praktische Hinweise:
- Preveli und Plakias sind ab Rethimnon auch per Bus zu erreichen, dann aber kaum an einem Tag miteinander zu kombinieren.

Tour-Start:

Viel Abwechslung mit Kultur und Relaxen am Meer machen diese Autotour in den Süden sehr lohnend. Außerdem ist die Fahrt durch die Berge nicht allzu lang und beschwerlich. Die 40 km lange Straße von Rethimnon nach Preveli ist sogar recht gut.

Das **Kloster Preveli** 12 › S. 92 liegt in karger Felslandschaft 170 m über dem Libyschen Meer. Am Strand darunter locken Schatten spendende Palmen und Bademöglichkeiten sowohl im Meer als auch im klaren Süßwasser des kleinen Flusses, der an dieser Stelle ins Meer mündet. Trotzdem gibt es keine Hotelbauten – was will man mehr? Westlich von Preveli liegt ein weiterer Traumstrand, **Plakias** 14 › S. 93, dieser aber mit jeder Menge kleiner Hotels, Pensionen und Tavernen, in denen man einkehren kann.

 ## In das Kedros-Gebirge

Route: Rethimnon › Spili › Agia Galini › Abstecher Agios Pavlos

Karte: Seite 82
Dauer: Tagestour; 170 km
Praktische Hinweise:
- Die auf vielen Karten eingezeichnete Küstenstraße zwischen Agia Galini und Agios Pavlos gibt es (noch) nicht.

Tour-Start:

Hier lernt man das reizvolle Landesinnere Kretas kennen.

Auf der Hauptstraße 77 fährt man von Rethimnon nach Süden über **Spili** 9 › S. 90 (Richtung Agia Galini). In dem grünen Städtchen Spili legt man eine Pause ein, bevor es ins malerische Kedros-Gebirge hinaufgeht. Bei Akoumia ist der Scheitel erreicht, das Gebirge mit seinen tief erodierten Rillen und rostbraunen Schluchten zum Greifen nahe. Durch Olivenhaine geht es nun stetig bergab nach **Agia Galini** 10 › S. 91, einem lebendigen Fischer- und Urlaubsort mit vielen Einkehrmöglichkeiten und Stränden in Ortsnähe.

Von Agia Galini nach **Agios Pavlos** 11 › S. 92 sind es landeinwärts um den Berg herum 25 km. Der Abstecher führt zu einem langen Strand, an dem es noch ruhig zugeht.

Berge und Meer

Tour 7

Route: **Rethimnon** › **Arkadi** › **Eleftherna** › **Margarites** › **Perama** › **Panormos** › **Bali**

Karte: Seite 82
Dauer: 1 Tag; 60 km (einfach)
Praktische Hinweise:
- Ohne Badeaufenthalt ist dies auch eine schöne Halbtagestour.
- Es ist nicht empfehlenswert, sie per Bus zu unternehmen.

Tour-Start:

Kommen Sie im Kloster Arkadi kretischem Nationalstolz auf die Spur, halten Sie im bildhübschen Töpferdorf Margarites und schließen Sie diese überschaubare kleine Runde mit einem Badestopp in einer der kleinen Buchten westlich von Rethimnon ab!

Rund 5 km östlich von Rethimnon biegt eine kurvenreiche Straße von der Küstenautobahn landeinwärts ab und zieht sich an einer Schlucht entlang den Berg hinauf. Dort oben liegt einsam auf einer Hochebene das kretische Nationaldenkmal **Kloster Arkadi 3** › S. 87 und 88, Symbol für den Widerstand gegen die türkischen Besatzer im 19. Jh., ein Muss für jeden Kreta-Reisenden, der sich für griechische Geschichte interessiert. 5 km weiter erreicht das Sträßchen Eleftherna auf dem Gebiet einer antiken Polis – ein gut erhaltener Wachturm ist schon von Weitem zu sehen. Drei Kurven

später ist man im Töpferdorf **Margarites 4** › S. 88, in dem in mehreren Werkstätten heute noch auf traditionelle Weise Keramik hergestellt wird. Von den Tavernen am Hauptplatz genießt man einen herrlichen Blick ins Tal. Durch wilde und bergige Landschaft führt die Straße über Perama und die Tropfsteinhöhle von Melidoni zurück zur steil abfallenden Küste, die sie nahe **Bali 6** › S. 89 erreicht. Hier oder spätestens auf dem Rückweg über die Küstenautobahn beim bekannten Badeort **Panormos 5** › S. 88 ist ein guter Platz für ein Bad im Meer. Oder für ein Essen in einer der typischen Tavernen an den jeweiligen kleinen Häfen.

Griechisches Freiheitssymbol: Kloster Arkadi

Der Berg ruft

Route: Perama › Anogia › Nida-Hochebene › Psiloritis › Perama

Karte: Seite 82
Dauer: Tagestour; 55 km (einfach)
Praktische Hinweise:
• Warme Kleidung mitnehmen!

Tour-Start:

Bergfreunde lassen ihn natürlich nicht unbestiegen: den **Psiloritis** (2456 m) › **S. 90**, Kretas höchsten Berg. Der Weg hinauf und hinunter dauert 8–9 Std. Auf der Nida-Hochebene an seiner Ostseite beginnt der Aufstieg zum Timios Stavros, dem Gipfel, von dem sich ein überwältigender Rundblick bietet. Wer weniger sportlichen Ehrgeiz mitbringt, wandert nur bis zur Idäischen Höh-

Touren im Regionalbezirk Rethimnon

Tour ⑤
Klosterbesuch & Strandleben

Rethimnon › Preveli › Plakias

Tour ⑥
In das Kedros-Gebirge

Rethimnon › Spili › Agia Galini › Abstecher Agios Pavlos

Tour ⑦
Berge und Meer

Rethimnon › Arkadi › Eleftherna › Margarites › Perama › Panormos › Bali

Tour ⑧
Der Berg ruft

Perama › Anogia › Nida-Hochebene › Psiloritis › Perama

le, in der Göttervater Zeus von Nymphen mit Milch und Honig aufgezogen worden sein soll. Oder fährt einfach mit dem Auto hoch, um von der Nida-Hochebene aus die kretische Berglandschaft zu genießen. Ein Erlebnis sind die Berge in jedem Fall. Auf dem Weg dorthin ist das Weberdorf **Anogia** 7 › S. 89 ein lohnender Stopp.

Die Route lässt sich ideal kombinieren mit **Tour** 7 › **S. 81**, indem

man von Rethimnon über Arkadi und Margarites nach Perama fährt (ca. 25 Min.).

Wer nicht von Rethimnon, sondern aus Richtung Iraklion kommt, für den lohnt sich ein Stopp im lauschigen Weinbauerndorf Tilissos, in dem drei gut erhaltene minoische Villen ausgegraben wurden. Im Südtrakt von Haus A ist als Rarität eine minoische Toilette mit Wasserspülung zu bewundern.

Unterwegs in der Region

Rethimnon ◼1 ★ [F3]

Die auf einer kleinen Halbinsel gelegene Stadt (22 000 Einw.) wetteifert mit Chania um den Titel der Schönsten Kretas. Die Altstadt wirkt orientalischer als die von Chania, ist aber deutlich weniger gut erhalten. Der venezianische Hafen ist intimer. Fischerboote dümpeln vor sich hin, und vor den pastellfarbenen Hausfassaden reihen sich die Fischrestaurants aneinander.

Das Stadtbild nördlich des Stadtparks prägen enge Gassen. Die venezianischen Häuser erkennt man an den schmucken, von Bögen überspannten Portalen und an den Steinprofilen, die die Fenster rahmen. Manche Häuser haben noch immer den charakteristischen türkischen Holzerker. Von der Zitadelle über der Stadt kann man die orientalische Vergangenheit der Stadt auch an den vielen Minaretten der einstigen türkischen Moscheen ab-

A Venezianischer Hafen
B Stadtstrand
C Moschee des Kara Moussa Pascha
D Odos Arkadio
E Rimondi-Brunnen
F Moschee des Pascha Nerazze
G Archäologisches Museum
H Zitadelle
I Museum für zeitgenössische Kunst L. Kanakakis

lesen. Als einzige Stadt Kretas besitzt Rethimnon einen breiten Sandstrand direkt vor der Stadt – mit schönem Blick auf die Fortezza.

Während Iraklion als Kretas Wirtschaftsmetropole gilt und Chania als politische Schaltstelle, ist Rethimnon das geistige und wissenschaftliche Zentrum der Insel. Hier ist die geisteswissenschaftliche Fakultät der in den 1970er-Jahren gegründeten Universität von Kreta angesiedelt. Denn Wissenschaft und Forschung haben hier eine lange Tradition: Aus Rethimnon stammen bedeutende Gelehrte, die einst nach Italien ausgewandert sind und sich über Kreta hinaus einen Namen gemacht haben.

Die ältesten Reste der Stadt gehen auf die minoische Zeit zurück; die nachminoische dorische Stadt trug den vorgriechischen Namen Rethymna. Während der Türkenzeit war Rethimnon vorwiegend von Türken bewohnt.

Buch-Tipp:

Das gemächliche Leben der Türken in jener Zeit, das sich zwischen Kaffeehaus und Pferdesattel abspielte, schildert anschaulich der 1909 in Rethimnon geborene Schriftsteller **Pandelis Prevelakis** in seinem Buch **»Chronik einer Stadt«** (Bibliothek Suhrkamp, nur antiquarisch).

Vom Alten Hafen zur Odos Arkadio

Die Hauptattraktion Rethimnons ist der **Venezianische Hafen** ⭐ Ⓐ [c2]. Hier haben sich vor allem Fischrestaurants der gehobenen Preisklasse etabliert, deren Fassa-

den mehr und mehr verfallen und dadurch einen etwas morbiden Charme verströmen. Über den **Stadtstrand** Ⓑ [c2] geht es zur **Moschee des Kara Moussa Pascha** Ⓒ [c3] (17. Jh.), die ein hübscher Blumengarten schmückt.

Die **Odos Arkadio** Ⓓ [c3] ist die Einkaufsstraße Rethimnons. Hier gibt es Lederwaren, Schmuck und jeden nur denkbaren Nippes. **50 Dinge** ㉝ › S. 15. Bei Haus Nr. 60 sieht man Reste des venezianischen Palazzo in der Via dello Zar. Am Nordende zweigt rechts die schmale Souliou mit weiteren Geschäften ab.

Im Herzen der Stadt

Laut einer Inschrift stammt der **Rimondi-Brunnen** Ⓔ [b2] aus dem Jahr 1629. Ebenso wie der Morosini-Brunnen in Iraklion diente er einst zur Wasserversorgung der Stadt; unter der Inschrift »A(lvise) RIMONDI« hat er Säulen mit korinthischen Kapitellen und wasserspeiende Löwenköpfe.

Die heutige **Moschee des Pascha Nerazze** Ⓕ [b2] war vorher eine Kirche (Santa Maria), jetzt ist sie ein Odeon (Konzertsaal). Ihr Funktionswechsel spiegelt die Geschichte Kretas wider. Die venezianische Klosterkirche aus dem 16. Jh. wandelten die Türken zur Moschee um (die Besteigung des Minaretts ist leider nicht möglich).

An der Festung

Einst Gefängnis der Venezianer, zeigt das **Archäologische Museum** Ⓖ [b1] vor der Festung heute Exponate aus dem Zeitraum von der Jungsteinzeit bis zum Hellenismus. Bemerkenswert sind die Fundstücke aus der nachpalastzeitlichen Nekropole von **Armeni,** darunter Sarkophage mit Darstellungen von Jagdszenen und Kulthörnern (bis auf unabsehbare Zeit wegen Umzugs geschl., Tel. 28 31 05 46 68). Die – ausgegrabenen und leeren – Kammergräber können vor Ort besichtigt werden (9 km landeinwärts an der Straße nach Spili, geöffnet wie Archäologisches Museum).

Von den venezianischen Städten auf Kreta hatte nur Rethimnon eine **!** »Festung in der Festung«. In der **Zitadelle (Forteza)** **H** [a1] sind Zisternen, Munitionskammern und die Sultan-Ibrahim-Moschee mit ihrer weiten Kuppel zu besichtigen. Ihr Minarett wurde gekappt und steht nur noch als Stumpf.

Wer sich für moderne Kunst interessiert, sollte das in einer alten Seifenfabrik untergebrachte **Museum für zeitgenössische Kunst Leftheris Kanakakis** **!** [b2] besuchen. Es zeigt Werke aus der Zeit von etwa 1950 bis heute (Odos Chimaras 5, Di–Fr 9–14, 19–21, Sa/So 10 bis 15 Uhr, www.cca.gr).

Info

EOT
- Venizelou Sofokli (Promenade)
  Rethimnon
  Tel. 28 31 02 91 48
  www.rethymnon.gr

Verkehr
- **Busse:** Der **Busbahnhof** befindet sich an der alten Straße nach Chania (westlicher Stadtausgang).

- **Fähren:** Täglich Fähren nach Piräus. Regelmäßig Tagesfahrten nach Santorin.

Hotels

Avli Lounge Apartments €€€
! Venezianisch-kretisches Ambiente trifft auf modernes Design in einer wunderbar eingerichteten alten Villa mit tollem Innenhof.
- Xanthoudidou 22 / Radamanthios
  Rethimnon | Tel. 28 31 05 82 50
  www.avli.gr

Palazzo Vecchio €€€
Exklusive Residenz in einem stilvollen venezianischen Palast in der Nähe der Forteza. Freundlicher Service.
- Ecke Heroon Polytechniou /
  Odos Melissinou | Rethimnon
  Tel. 28 31 03 53 51
  www.palazzovecchio.gr

Hotel Forteza €€
Schönes Mittelklassehotel mit Swimmingpool, zum Strand sind es 300 m. Für griechisches Verhältnisse opulentes Frühstück.
- Melissinou 16 | Rethimnon
  Tel. 28 31 05 55 51 | www.fortezza.gr

Restaurants
Zum Erlebnis Rethimnon gehört ein Essen am venezianischen Hafen einfach dazu. Besser und preiswerter isst man allerdings in den Tavernen in der Altstadt.

Alana €€
Mix aus modischem und kretischem Stil, bei der Deko wie bei den originellen Speisen.
- Salaminos 15 | Rethimnon
  Tel. 28 31 02 77 37

Nicht nur die Wirte warten im Hafen auf Gäste

Pigadi €€

Altstadt-Restaurant mit üppig dekoriertem Innenhof unterhalb der Festung. Weiterentwickelte klassisch kretische Küche. **50 Dinge** ⑰ › **S. 14.**

• Xanthoudidou 31 | Rethimnon
Tel. 28 31 02 75 22
www.pigadi-crete.com

Samaria €

Das Traditionsrestaurant der Stadt schlechthin, mit einfacher Ausstattung, günstigen Preisen und guter Küche.

• Venizelou 39 (Promenade) | Rethimnon
Tel. 28 31 02 46 81

Shopping

In der Loggia Arkadiou / K. Paleologou gibt es einen vom Kultusministerium betriebenen **Museumsshop,** der hochwertige Repliken antiker Skulpturen verkauft (Mo–Sa 9–15 Uhr).

Argiroupolis **2** [F4]

Das malerische Bergdorf liegt auf einem Hügel mit einem fantastischen Ausblick auf das darunterliegende Tal und wurde auf den Fundamenten der antiken Stadt Lappa erbaut. Die **Altstadt** mit dem römisch-venezianischen Tor und Überresten einer venezianischen Villa ist sehenswert. Im Dorf gibt es ein kleines **Volkskundemuseum,** unterhalb des Dorfes wasserreiche Quellen, die zahlreiche **Wasserfälle** bilden. Die Römer bauten hier bereits Bäder. Heute finden sich einige Fischtavernen an den Wasserfällen, sie sind ein beliebtes Ausflugsziel. Vom Ort führt ein alter Steinpfad 1,5 km zur **Nekropole** – antiken Gräbern, die in der Nähe einer Kapelle in den Fels gehauen wurden.

Kloster Arkadi **3** ⭐ [G4]

Das Kloster Arkadi ist das Symbol des kretischen Freiheitskampfes › **S. 88.** Beim Rundgang durch die Anlage findet man am Parkplatz vor dem Kloster ein Mausoleum, in dem die Gebeine (vorwiegend die Köpfe) von Märtyrern in einer Vitrine ausgestellt sind. Im Kloster werden links das Refektorium mit zahlreichen Kampfspuren und das Pulvermagazin gezeigt. Neben dem Kloster dokumentiert ein kleines Museum u. a. den Kampf von 1866. Die aus dem 15./16. Jh. stammende Klosterkirche zeigt eine Fassade im Stil der kreto-venezianischen Renaissance, die mit Säulen und klassizistischem Gebälk versehen ist.

Der Massenselbstmord von Arkadi

Arkadi ist das kretische Nationalheiligtum schlechthin. Im November 1866, zur Zeit der türkischen Besatzung Kretas, sprengten sich hier 964 Kreter – die meisten von ihnen waren Frauen und Kinder – angesichts einer türkischen Übermacht in aussichtsloser Lage selbst in die Luft. Viele der 15 000 türkischen Belagerer wurden mit in den Tod gerissen. Der kollektive Selbstmord schreckte die Weltöffentlichkeit auf. Die Philhellenen forderten die europäischen Großmächte auf, sich für den Anschluss Kretas an das griechische Mutterland einzusetzen. Doch die hatten ihre eigenen Sorgen. Der Preußisch-Österreichische Krieg fand gerade statt, und Großbritannien hatte sich nach der Beendigung des Krimkrieges im Jahre 1856 in die »splendid isolation« begeben, um sich sein koloniales Empire zu sichern. Zudem verfolgte es eine Politik der Konsolidierung des Osmanischen Reiches, um ein weiteres Vordringen von Russland über die Dardanellen in das Mittelmeergebiet zu verhindern.

Das Innere wurde leider weitgehend zerstört, so dass die Kirche heute mit Ikonen des 20. Jhs. ausgeschmückt ist. Die geschnitzte Ikonostase aus Olivenholz stammt von 1927 (Juni–Aug. tgl. bis 9–20, April, Mai, Sept., Okt. bis 19 Uhr, sonst kürzer, www.arkadimonastery.gr). **50 Dinge** ㉖ › S. 15.

Margarites ④ [G3]

An der Landstraße zwischen Arkadi und Perama liegt der Töpferort Margarites. Hier stellen mehrere Werkstätten in Handarbeit Keramik her. Den Werkstätten sind Verkaufsgeschäfte angeschlossen. Nur durch die touristische Nachfrage kann der traditionelle Wirtschaftszweig Töpferei auf Kreta überleben. Ein zweites kretisches Töpferdorf ist Thrapsano bei Iraklion. **50 Dinge** ㉟ › S. 16.

Restaurant

Mandalos €
In der hübschen Taverne sitzt man unter Maulbeerbäumen und genießt die herrliche Aussicht auf die Küstenebene mit ihren in der Sonne glitzernden Olivenbäumen.
• Platia | Margarites
Tel. 28 34 09 22 94

Panormos ⑤ [G3]

Die großen Hotels stehen außerhalb. Das ruhige Panormos selbst besitzt viele restaurierte Gebäude und einen hübschen kleinen Hafen, um den sich zahlreiche Tavernen gruppieren, in denen sich in lauen Nächten alles trifft. Oberhalb des

Dorfes findet man am Hang die Ruinen der frühbyzantinischen Basilika Agia Sofia aus dem 6. Jh.

Bali 6 [H3]

Bali (der Name geht auf die türkische Bezeichnung für Honig zurück) mit seinen fünf kleinen Buchten an der Nordküste zwischen Rethimnon und Iraklion war bis vor etlichen Jahren ein ursprünglicher Bade- und Fischerort mit kleinen Pensionen und einem malerischen Hafenbecken. Die ringsum zahlreich entstandenen Hotelneubauten zeugen jedoch davon, dass Bali mittlerweile zu den beliebtesten Urlaubszielen auf Kreta zählt. Der Ort kann auch mit einem lebendigen Nachtleben aufwarten.

Hotel

Bali Beach €€

Das Bungalowhotel liegt sehr schön an einer Bucht. Alle Zimmer haben Balkon und Meerblick.

• Bali | Tel. 28 34 09 42 10/11
www.balibeach.gr

Anogia 7 ⭐ [H4]

Das kretische Bergdorf (2500 Einw.) liegt auf 800 m Höhe an den Hängen des **Ida-Massivs.** Ein Aufenthalt lohnt allein schon wegen der klaren Bergluft und der reizvollen Wandermöglichkeiten. Auf dem Rathaus- und Kirchplatz des oberen Anogia erinnert ein Kriegerdenkmal an die Revolten gegen die Türken. Doch Widerstand leisteten die Anogianer auch gegen deutsche Be-

SEITENBLICK

Die Zerstörung von Anogia

Im Sommer 1944 befand sich die deutsche Wehrmacht an allen Fronten auf dem Rückzug. In Griechenland und besonders auf Kreta versuchten Partisanen, den Rückzug zu beschleunigen. Auf Kreta machte ein spektakuläres britisch-kretisches Kommandounternehmen auf sich aufmerksam. Die Partisanen hatten es am 26. April geschafft, den deutschen Oberkommandierenden der Insel, General von Kreipe, auf der Fahrt vom Hauptquartier in Archanes zu seiner Dienstwohnung, der Villa Ariadne bei Knossos, zu entführen. Sie zogen mit ihrer Beute durch Anogia und dann über das Ida-Massiv nach Preveli, wo sie von einem britischen Schnellboot abgeholt und nach Alexandria verschifft wurden. Die Viehzüchter von Anogia, die das umliegende Gebirge und seine zahlreichen Höhlen wie ihre Provianttasche kannten, halfen den Entführern, nicht entdeckt zu werden. In den knapp drei Wochen zwischen Entführung und Evakuierung durchkämmten die Deutschen mit ca. 30 000 Mann das Ida-Gebirge, zusätzlich wurden Flugzeuge mobilisiert. Eine Gedenktafel am Rathaus erinnert an die Zerstörung Anogias; auf einer Alabasterplatte ist der Tagesbefehl, das Dorf niederzubrennen, eingraviert. Zum Wiederaufbau Anogias in der Nachkriegszeit haben Amerikaner beigetragen. Deutschland hat zu Beginn der 1960er-Jahre Pauschalleistungen gezahlt; darüber hinaus gehende Forderungen werden abgelehnt.

satzer im Zweiten Weltkrieg. Am 15. August 1944 wurde das Dorf bis auf die Grundmauern von deutschen Truppen zerstört. Alle Männer, derer die Deutschen im Umkreis von 2 km habhaft werden konnten, wurden hingerichtet.

Heute besucht man als Deutscher Anogia mit einem Gefühl der Beklemmung. Doch die Anogianer stehen den Touristen nicht nachtragend gegenüber, kommen sie doch nicht mehr als Eindringlinge, sondern als Gäste. Zudem gelten deutsche Touristen als zahlungskräftig, was Anogias Hauptwirtschaftszweig, der Weberei, zugutekommt.

Eine weitere Tradition Anogias ist die Musik. Berühmte Lyraspieler wie Psarantonis und Xilouris stammen von hier. In Anogia werden regelmäßig »kretische Abende« für Touristen organisiert.

Alljährlich am 3. Juli wird das Fest des hl. Iakinthos in Anogia und an der Zufahrt zur Nida-Hochebene gefeiert – gleich eine ganze Woche lang mit Musik und Tanz.

Hotel

Aristea €
Saubere, einfache Doppelzimmer und Studios mit Balkon und Bergblick.
• Tel. 28 34 03 14 59 | Anogia
  www.hotelaristea.gr

Shopping

Die Frauen Anogias stellen Webarbeiten her, die künstlerisches Niveau erreichen. Verkauft werden die Arbeiten hauptsächlich rund um die Platia im unteren Ortsteil. Dort bekommt man auch die traditionellen Fransentücher, *Sariki*.

Nida-Hochebene

20 km hinter Anogia beginnt die Nida-Hochebene, auf der die Viehzüchter von Anogia im Sommer ihre Käsereien unterhalten. Von hier aus kann man die Besteigung des **Psiloritis** 8 [H4] (2456 m) im Ida-Gebirge, in Angriff nehmen. Die Wanderung, für die man bergmäßig ausgerüstet sein sollte, dauert 8–9 Std. (hin und zurück). Der Weg ist unregelmäßig mit roten Punkten und Steinpyramiden markiert, teils geht es querfeldein, feste Schuhe sind wichtig.

Eine asphaltierte Straße führt von Anogia auf die Ebene zu einem Parkplatz (dort gibt es eine Taverne), von wo die Wanderung auf den Psiloritis beginnt. Weiter führt eine Schotterpiste zur Analipsi-Kapelle und zur 1540 m hoch gelegenen **Idäischen Höhle** (*Ideon Andron*), einer minoischen Kulthöhle, in der Zeus angeblich seine Kindheit verbrachte.

Spili 9 [G4]

Der wasserreiche, sehr grüne Ort liegt an den Ausläufern des Kedros-Gebirges und ist Bischofssitz. Auf der Platia spendet ein venezianischer Brunnen mit 25 Löwenkopf-Wasserspeiern bestes Quellwasser. Im Ort gibt es zahlreiche Geschäfte und Restaurants.

Restaurant

Giannis €
Traditionelle Gerichte, gut und günstig.
• Hinter dem venezianischen Brunnen
  Spili

Blick auf das Nida-Plateau, wo der Sage nach Zeus aufwuchs

Agia Galini 10 [G5]

Agia Galini ist einer der beliebtesten Urlaubsorte an der Südküste.
Der ehemalige Fischerort zieht sich
oberhalb eines kleinen Hafens malerisch den Hügel hinauf und be-
sticht mit südländischem Flair. Etwas erhöht steht ein Denkmal für
Dädalus und Ikarus, die hier der
Sage nach zu ihrem tragischen Flug
starteten. Vom Hafen aus erreicht
man in wenigen Minuten zu Fuß
den sandigen Ortsstrand. Zu weiter
entfernten Buchten verkehren Badeboote.

Abends spielt sich das Leben vornehmlich in den autofreien Gassen
mit ihren zahlreichen Cafés und
Restaurants ab, die zum Hafen führen. In der östlichen Gasse, auch
Fressgasse genannt, steht Stuhl an
Stuhl. Sollte in der Bucht bei Timbaki tatsächlich, wie es im Gespräch
war, ein großer Containerhafen gebaut werden › **S. 123**, dann wäre davon auch der Tourismus in Agia
Galini betroffen.

Hotels
Astoria €–€€
Freundliches Haus mit 25 Zimmern, mit
Klimaanlagen und Frühstücksraum.
• Am Ortseingang | Agia Galini
  Tel. 28 32 09 12 53
  www.astoria-agiagalini.gr

Ariadne €€
Studios mit Balkon in schöner Panorama-
lage; Taverne und Swimmingpool.
• Im oberen Ortsteil | Agia Galini
  Tel. 28 32 09 13 80
  www.ariadne-apartments.com

Restaurants
Kosmas €
Serviert werden kretische Spezialitäten
und vegetarisch-asiatische Gerichte.
• Östliche Gasse | Agia Galini

O Faros €
Institution in Sachen Fisch.
• Mittlere Gasse zum Hafen | Agia Galini

Tatso Monto €
Knusprige Pizzen aus dem Holzofen.
• Westseite des Hafens | Agia Galini

Am Traumstrand von Preveli hat man die freie Wahl zwischen Süßwasser und Meer

Agios Pavlos 11 [G5]

Westlich von Agia Galini liegt die Bucht von Agios Pavlos mit einem langen Strand und ein paar netten Tavernen. Im Sommer steuern regelmäßig Boote von Agia Galini und von Plakias aus die beliebte Badebucht an.

Preveli 12 ⭐ [F4]

Das **Kloster Preveli** liegt in karger Felslandschaft 170 m über dem Libyschen Meer. Es gibt ein kleines Museum. Direkt darunter liegt der ❗ Traumstrand Preveli. Dort lässt es sich herrlich im Schatten der Palmen dösen und dabei entscheiden, ob man im Meer baden will oder im klaren Süßwasser, das aus

der Schlucht plätschert. Das süße Wasser stammt vom **Megalopotamos,** auch Kourtaliotiko genannt. Er gräbt sich durch eine tiefe Schlucht und mündet, quasi über den Sandstrand, in der Nähe der Cafeteria ins Meer. Hotels gibt es hier trotz der paradiesischen Zustände keine. Der Strand von Preveli ist nicht direkt mit dem Auto zu erreichen. Am besten fährt man über eine holprige Piste zum benachbarten Palm Beach – von dort ist es nur ein kurzer Fußweg. Die meisten Busse und Mietwagen steuern den teils gebührenpflichtigen Parkplatz unterhalb des Klosters an. Von dort führt ein steiler Stufenweg (ca. 15 Min.) hinunter zum Strand, immer wieder schöne Ausblicke eröffnend. Von Plakias und Agia Galini aus kann

Plakias 14 ⭐ [F4]

Der einst beschauliche Fischerort und sein ❗ kilometerlanger Sandstrand wurden Ende der 1970er-Jahre von Backpackern entdeckt. Seither hat sich Plakias zum beliebten Ferienort entwickelt, ohne dass bislang große Hotels entstanden (www.plakias-kreta.de).

Nicht weit entfernt gibt es noch einsamere Strände zu entdecken: westlich den Strand von **Souda** (40 Min. zu Fuß), östlich **Damnoni** und **Amoudi**, zu erreichen über die Straße nach Lefkogia.

Hotel

Lofos €
Einfache Zimmer, Pool, Restaurant.
• Oberhalb am Hang | Plakias
  Tel. 28 32 03 14 22

Restaurant

Christos €–€€
Für Fischspezialitäten bekannte Taverne.
• Am Hafen | Plakias

man sich mit Booten zum Strand von Preveli schippern lassen. Über das verlassene Kloster Kato Preveli erreicht man das einsam über dem Meer gelegene Johanneskloster Piso Preveli. Während der deutschen Besatzungszeit unterstützten die Mönche die Evakuierung alliierter Truppen nach der Schlacht um Kreta. Aus Rache nahmen die Deutschen dem Kloster den Besitz und beschädigten das Gotteshaus.

Asomatos 13 [F4]

Das **Volkskundemuseum Papa Michalis** in Asomatos zeigt eine ungewöhnliche Sammlung von Exponaten aus dem kretischen Alltagsleben der letzten Jahrhunderte. Der Weg dorthin ist im Ort ausgeschildert.

Ausflug nach Mirthios 15 [F4]

Etwa 2,5 km oberhalb von Plakias am Hang liegt das Dorf Mirthios, von dem aus man eine fantastische Aussicht aufs Meer genießt. Man wandert von Plakias etwa 45 Min. durch Olivenhaine.

Restaurant

Panorama €
Kretische Gerichte, toller Ausblick.
• An der Platia | Mirthios

REGIONAL-BEZIRK IRAKLION

Kleine Inspiration

- **Die atemberaubenden Funde bestaunen** im Archäologischen Museum von Iraklion › S. 99
- **König Minos seine Reverenz erweisen,** am berühmten Palast von Knossos › S. 109
- **Im Schatten alter Eichen picknicken** in der Rouvas-Schlucht › S. 117
- **Den grandiosen Blick genießen** aufs Ida-Gebirge, vom herrlich gelegenen Palast von Phaistos aus › S. 119

Einzigartige Relikte der minoischen Kultur im Archäologischen Museum von Iraklion, in Knossos und Phaistos, Strandleben in Chersonissos und Malia, Wandern in der Rouvas-Schlucht, Hippie-Flair in Matala.

Wenn es so etwas wie ein Zentrum auf Kreta gibt, dann ist es der Regionalbezirk Iraklion. Er vereint die gleichnamige Hauptstadt, das Wirtschafts- und Verwaltungszentrum, mit den wichtigsten Kulturstätten wie **Knossos** und **Phaistos** (Festos). Er bietet auch die größten und betriebsamsten Urlaubsorte wie Chersonissos und Malia.

Ein Großteil der Besucher reist über den Flughafen von Iraklion auf die Insel und verlässt die Gegend auch zumeist sofort wieder. Lediglich der Eindruck von zusammengewürfelten Wohnvierteln und fürchterlichem Verkehr bleibt als Erinnerung. Der Reiz der Hafenstadt mit ihrem lebhaften Treiben, kleinen Gassen, modernen Cafés am Meer und einem fantastischen Archäologischen Museum erschließt sich erst nach und nach.

In den Ferienorten an der Nordküste ist richtig, wer Sonne, Strand und Unterhaltung sowie komfortable Unterkünfte sucht. **Malia** und **Chersonissos** sind für ihr trubeliges Nachtleben bekannt. In Malia gibt es ebenfalls einen minoischen Palast, eine weitere Hauptsehenswürdigkeit Kretas. Die Bausünden der 1960er-Jahre werden in dieser Gegend am deutlichsten: Hochhaus-

hotels, klotzige Apartmentkomplexe, dazwischen Verkaufsbuden und Restaurants, die ohne Entwicklungsplan und Infrastrukturmaßnahmen in eine bäuerliche Landschaft oder unmittelbar an die laute Durchgangsstraße gesetzt wurden und heute kaum mehr rückgängig zu machen sind.

Wer es ruhiger mag, den zieht es eher an die Buchten der Südküste nach **Lentas** oder in die frühere Hippie-Hochburg **Matala** mit ihren Felshöhlen am Strand. In der Umgebung gibt es noch einige kleinere, recht beschauliche Orte zu entdecken.

Kulturinteressierte kommen in der Messara-Ebene an den Ausgrabungen von **Phaistos** (Festos) und **Agia Triada,** die quasi im Herzen Kretas liegen, nicht vorbei und gewinnen in **Gortis** zudem Einblicke in die römische Epoche.

In den Bergen hingegen lässt sich mancherorts noch kretische Atmosphäre pur schnuppern. Eine Fahrt durch diese Landschaft ist ein Erlebnis für sich. Lohnend ist beispielsweise ein Besuch des herrlich gelegenen Weinbauerndorfes **Archanes.** Viele kleine Orte, durch die man kommt, sobald man von den Hauptstraßen auf Nebenstrecken ausweicht, haben ihren besonderen Charme – und ein typisches kretisches Kafenion zur Stärkung gibt es am Dorfplatz eigentlich immer.

Im Sommer ist der Strand von Malia ausgesprochen gut besucht

Touren in der Region

 Ins Herz von Kreta

Route: Iraklion › Agia Varvara › Abstecher nach Zaros › Gortis › Phaistos › Agia Triada › Matala

Karte: Seite 96
Dauer: 1 Tag; 80 km (einfach)
Praktische Hinweise:

- Am besten unternimmt man die Tour mit dem eigenen Pkw (in Matala muss er auf einem Großparkplatz außerhalb des Ortes abgestellt werden).
- Matala ist aber auch per Bus erreichbar. Wer unterwegs aussteigen will, erkundige sich genau, wie die weiteren Verbindungen sind.

Tour-Start:

Diese Tour führt von Iraklion direkt nach Süden, quer über die Insel, und ist ein Muss für alle Kulturfreunde und Fans der griechischen Antike. Aber auch Besucher, die Ruinenstätten normalerweise nicht allzu viel abgewinnen können, kommen auf ihre Kosten. Denn die Ausgrabungen von **Gortis 16**, **Phaistos** (Festos) **14** sowie von **Agia Triada 15** › S. 119–121 bieten nicht nur interessante Einblicke in die Kulturen längst vergangener Zeiten, sondern gefallen auch durch den landschaftlichen Reiz der Orte. Man bekommt hier das Gefühl, die alten Griechen wussten ganz genau, wo sie bauten.

Und die Hippies der 1970er-Jahre wussten ebenso sicher, wo es besonders schön ist. Sie entdeckten **Matala 17** › S. 122 mit seinem Strand und bezogen dort die Felshöhlen. Ein

Touren im Regionalbezirk Iraklion

wenig vom Flair der Hochzeit der Rucksackreisenden ist heute noch spürbar, doch Matala, der Endpunkt der Tour, ist heute in erster Linie ein beliebter Ausflugsort für Touristen von der Nordküste. In der Nähe gibt es aber auch noch ruhigere Buchten für einen Badeaufenthalt. Zudem bietet die Fahrt entlang der Hänge des Ida-Gebirges wundervolle Aus- und Einblicke in die Berglandschaft und über die Messara-Ebene. Auf der Hin- oder Rückfahrt lohnt ein Abstecher ins traumhaft gelegene Bergdorf **Zaros** 12 › **S. 117**, das für seine Fischtavernen berühmt ist.

Tour 9

Ins Herz von Kreta

Iraklion › Agia Varvara › Abstecher nach Zaros › Gortis › Phaistos › Agia Triada › Matala

Tour 10

Zur Lassithi-Hochebene

Iraklion › Chersonissos › Mochos › Lassithi › Neapoli › Malia › Iraklion

 **Zur Lassithi-Hochebene**

Route: Iraklion › Chersonissos › Mochos › Lassithi › Neapoli › Malia › Iraklion

Karte: Seite 96
Dauer: Tagestour; 150 km
Praktische Hinweise:
- Die Tour lässt sich am besten mit dem Pkw durchführen.
- Empfehlenswert ist die Rückfahrt über Neapoli.
- In den Hotels vor Ort werden organisierte Ausflüge auf die Ebene angeboten.

Tour-Start:

Auf der Fahrt zum beeindruckenden Landschaftserlebnis Lassithi lohnt 14 km hinter Iraklion das minoische Megaron von **Nirou Chani** 5 › S. 113 einen Stopp – wegen der hier in großer Zahl entdeckten Votivgaben schlossen einige Forscher auf ein religiöses Zentrum, andere sehen den Bau als Teil einer Siedlung. Bald darauf hält man am **CretAquarium** bei Gournes › S. 106 gern ein zweites Mal. Mit Kindern wird man natürlich auch den **Star Beach Water Park** › S. 115 bei Chersonissos nicht auslassen, bevor es dann in die Nachbarprovinz hinaufgeht zur berühmten Lassithi-Hochebene › S. 134, **Tour** 11 › S. 126.

Unterwegs in der Region

Iraklion 1 ⭐ [K3]

Halbfertige Betonskelette ragen in den vom Smog leicht getrübten blauen Himmel Kretas, der Verkehr staut sich in den engen Straßen – der erste Eindruck der Bezirkshauptstadt (170 000 Einw., inoffiziell wahrscheinlich an die 200 000) fällt eher ungünstig aus. Wer jedoch nicht nur eine Nacht bleibt, der wird auch die verborgenen, schönen Seiten der Stadt entdecken: stille Altstadtwinkel, wo sich verwilderte Katzen sonnen, lebhafte Geschäftsstraßen mit mehr Kretern als Touristen, traditionelle Kafenia. Das echt kretische Nachtleben in einem der vielen Lyralokale ist ein Erlebnis und kein Vergleich zur inszenierten Standard-Folkloreshow in den kretischen Großhotels. Außerdem liegen in und bei Iraklion die Hauptsehenswürdigkeiten Kretas: das Archäologische Museum mit den einzigartigen Funden der minoischen Kultur und der berühmte Palast von Knossos.

Iraklion war mit einer Unterbrechung von 1850 bis 1972 stets Hauptstadt von Kreta. Vom Palast des venezianischen Statthalters und seines türkischen Nachfolgers ist allerdings nichts mehr erhalten, er stand in der Nähe des Löwenbrunnens.

Das antike Iraklion ist nach Herakles benannt, dem griechischen Heroen schlechthin. Als die Araber

828 Kreta eroberten, befestigten sie das Gebiet der antiken Stadt und nannten es Rabd el Kandak (Festungsgraben). Daraus machten die Venezianer ab 1204 Candia und etablierten hier ihren »Duca di Candia«. Nach 21-jähriger Belagerung durch die Türken (1648–1669) geriet Iraklion dann als letzte kretische Stadt unter die Herrschaft der Osmanen.

Heute ist die Stadt ein Klein-Athen, ein Zufluchtsort für Arbeit suchende Landbewohner. Alles Sehenswerte liegt in der noch weitgehend von einer Stadtmauer umgebenen Altstadt.

Archäologisches Museum Iraklion (AMI) Ⓐ ⭐ [c2]

Dass in diesem Museum so viele Meisterwerke der ersten Hochkultur Europas versammelt sind, ist keineswegs selbstverständlich. Denn die Kunstwerke der späteren klassischen und hellenistischen Kultur Griechenlands sind heute über die ganze Welt verstreut. Warum ist Kreta da ein Sonderfall? Wie im übrigen Griechenland waren es auch hier ausländische archäologische Missionen, die erste systematische Grabungen durchführten. Engländer gruben in Knossos und in den Zeushöhlen, Amerikaner in Gournia, Italiener in Phaistos (Festos), Franzosen in Malia. Als diese Grabungen aber um 1900 begannen, war die Zeit vorbei, in der griechisches Kulturgut in die großen europäischen Museen entführt werden konnte. Nachdem Kreta 1898 selbstständig geworden war und ab 1913 zu Griechenland gehörte, war der großzügige Antikenausverkauf nicht mehr zugelassen.

Im Jahr 2014 wurde das Archäologische Museum wieder im vollen Ausmaß eröffnet. Die Sammlung umfasst weltberühmte Ausstellungsstücke, die größtenteils nach ihrer Entstehungszeit präsentiert werden. Wer durch die Räume geht,

Der Morosini-Brunnen in Iraklion ist ein beliebter Treffpunkt

passiert Werke aus rund 7400 Jahren Geschichte. Gefunden wurden die Exponate nicht nur in Palästen, sondern auch in Landhäusern und Heiligtümern, vieles entstammt Grabmälern und manches sogar Höhlen (Öffnungszeiten › S. 103).

Ältere Palastzeit (2000–1700 v. Chr.)

Bemerkenswert ist die hauchdünne **Eierschalenkeramik,** die höchstes Töpferkönnen voraussetzt. Dank des **Stadtmosaiks** von Knossos, das die Fronten der minoischen Stadthäuser zeigt, haben wir heute eine Vorstellung vom Aussehen der Häuser in Gournia. Evans rekonstruierte nach diesem Mosaik den Palast von Knossos.

Funde der Ältere Palastzeit aus Phaistos

Der **Diskos von Phaistos** ist noch nicht entziffert. Hieroglyphische Zeichen bewegen sich spiralförmig vom Rand zur Mitte hin. Es ist eine gegenständliche Schrift, wie die der Ägypter. Die Ideogramme zeigen z. B. einen Kopf mit aufrecht stehenden Haaren, einen fliegenden Vogel oder einen Läufer in kurzer Hose.

Jüngere Palastzeit (1700–1450 v. Chr.)

Die bar- und vollbusigen **Schlangengöttinnen** waren wohl als Göttinnen verkleidete Priesterinnen. Ihre Taille ist eng geschnürt, ihr Glockenrock weit ausgestellt. Schlangen winden sich um Kopf und Körper und in den ausgestreckten Händen. Sie symbolisieren offenbar die schwer

beherrschbare Macht der Erde, der Natur und des Todes und vielleicht auch, weil sie sich häuten, eine Wiedergeburt.

Das **Hausmodell von Archanes** vermittelt einen plastischen Eindruck vom Aussehen der minoischen Landhäuser und Stadtvillen mit ihren Balkons und Lichthöfen.

Funde der Jüngeren Palastzeit aus Agia Triada und Malia

Glanzstücke sind die berühmten drei Vasen aus schwarzem Chlorit, die in Agia Triada gefunden wurden. Das **Boxerrhyton** zeigt Boxszenen und einen misslungenen Stiersprung: Der Athlet wird vom Horn des Stieres durchbohrt. Die **Schnittervase** zeigt eine lustige Alltagsszene: Ein Trupp von Erntearbeitern zieht singend und ganz offensichtlich ziemlich angeheitert mit Ährenbündeln auf den Schultern vorbei. Und auf dem sogenannten **Prinzenbecher** schließlich salutiert ein Untergebener vor einem Vorgesetzten. Ihm werden Tierfelle überreicht, die von drei Männern getragen werden.

Unter den Goldschmiedearbeiten bezaubern die **Bienen von Malia,** die einst den Hals einer minoischen Dame zierten: Zwei Bienen mit geöffneten Flügeln tragen einen Tropfen Honig in eine Wabe.

Funde der Jüngeren Palastzeit aus Kato Zakros

Ein edles **Rhyton** (Opfergefäß) aus Bergkristall und ein weiteres, stark ergänztes **Rhyton** mit der Abbildung eines Gipfelheiligtums mit Bergziegen (Rekonstruktion an der Wand) beeindrucken ebenso wie der schwarze **Stierkopf,** ebenfalls ein Opfergefäß: Der Kopf hat im Maul ein unauffälliges Ausgießloch.

Die Wandmalereien

Die in einem eigenen Rahmen gezeigten minoischen Wandmalereien – sie stammen alle aus der Jüngeren Palastzeit – sind nur sehr fragmentarisch erhalten und daher stark ergänzt worden.

Dabei stützen sich die Wissenschaftler auf besser erhaltene Bilder, u. a. von Vasen und Sarkophagen. Vollständig bemalt ist z. B. der **Kalksteinsarkophag** von Agia Triada: 1. Langseite: Priesterinnen opfern einen Stier. Ein Mann spielt auf einer Flöte die Musik dazu. 2. Langseite: Frauen gießen eine Opferflüssigkeit in ein Gefäß, das zwischen zwei Doppelaxtständern steht. Rechts daneben bewegt sich eine Prozession dreier Männer, die Tiere und ein Bootsmodell tragen, auf eine weiß gekleidete, armlose Gestalt zu. Man weiß leider nicht, was sich inhaltlich in dieser Szene genau abspielt.

Sehr aufschlussreich ist auch ein modernes Holzmodell des Palastes von Knossos. Besser als im Original erkennt man an ihm seine Ausdehnung und Struktur.

Welche Erkenntnisse können uns diese spärlichen Originalteile heute bieten? Diese Frage stellt sich z. B. bei dem **Miniaturfresko.** Die Darstellung wird oft als Beleg für die Matriarchatsthese bemüht: Frauen (wahrscheinlich Priesterinnen) mit erhobenen Händen zelebrieren einen Kult, vielleicht die Epiphanie einer Gottheit. Männer umrahmen die Szene und akklamieren.

Einige Meter weiter hängt die viel bewunderte **Kleine Pariserin.** Evans assoziierte die **sorgfältig geschminkte und gut frisierte Dame** mit den Damen der Gesellschaft im Paris der Belle Époque.

Der zwischen Papyrus- und Lotuspflanzen agierende **Blaue Affe** wurde früher als »Krokuspflücker« bezeichnet, denn Evans hatte die spärlichen Fragmente so angeordnet, dass ein Mann eine Krokusblüte pflückte. Der griechische Archäologe N. Platon setzte dann aus den Fragmenten einen Affen zusammen – ein Beispiel dafür, wie unsicher oft auch die Archäologen bei der Deutung sind.

SEITENBLICK

Kühnes Kunststück

Außer dem Prozessionsfresko von der Westfassade des Palastes von Knossos ist das **Stiersprungfresko** (1650–1400 v. Chr.) legendär. Dargestellt sind drei Phasen des Sprunges oder auch drei Springer in gemeinsamer Aktion:

1. eine Frau (!) ergreift den heranstürmenden Stier bei den Hörnern,

2. ein Mann springt im Salto über den Stier hinweg,

3. nach einer Pirouette kommt eine Frau mit erhobenen Armen wieder zum Stehen. Ungeklärt ist, ob der Stiersprung eine kultische oder eine sportliche Handlung darstellte – falls es ihn so überhaupt gab.

Kretas Schatztruhe

Es muss eine sinnenfrohe, schöpferische und friedliche Kultur gewesen sein – die minoische, die vor rund dreieinhalbtausend Jahren unter bis heute ungeklärten Umständen so jäh vom Erdboden verschwand.

Als sich im ausgehenden 19. Jh. besessene Archäologen mit Schaufel und Hacke ans Werk machten, um unter der glühenden Sonne Kretas den Palast des legendären König Minos zu finden, sorgten sie für eine Sensation nach der anderen. Denn was sie aus der ausgedörrten Erde buddelten, waren spektakuläre Meisterwerke – die frühesten der abendländischen Kultur! Wer sie bestaunen will, muss das Archäologische Museum von Iraklion besuchen. Denn dort und nur dort sind sie aufbewahrt!

Die Sammlung ist überwiegend chronologisch und nach Fundorten gegliedert. Die minoischen Wandgemälde werden als besondere Ausstellung präsentiert. Angesichts der erschlagenden Fülle entscheidet man am besten schon vorab, welche Säle man besichtigen will. Dabei hilft die Beschreibung der international bekannten, wichtigsten Exponate › **S. 100.**

Jedes Stück ein Unikat

Vieles, was in Griechenlands späterer kultureller Blütezeit geschaffen wurde, haben Archäologen außer Landes geschleppt. So ziert die Venus von Milo den Pariser Louvre, eine Karyatide vom Erechtheion und Skulpturen vom Athener Parthenon befinden sich im Britischen Museum in London. Ein Schicksal, dem die minoischen Objekte entgangen sind! In seltener und ungewohnter Einheit kann man die Kunstwerke und Kulturgegenstände jener Epoche am Ort ihrer Entstehung bewundern. Doch das ist nicht das Einzige, was die Sammlung so außergewöhnlich macht. Hinzu kommt, dass Vergleichbares fehlt. Die Stücke sind von meisterhafter Einzigartigkeit, und keines gleicht dem anderen.

Spiegel des Alltags

Aufmerksame Betrachter werden etwas Interessantes entdecken. Die Objekte, ob aufwendig gearbeiteter Goldschmuck wie die Siegelringe mit feinsten Miniatur-Darstellungen von Göttinnen, dekorative, figürlich bemalte Vasen, Tonfiguren, Bronzestatuen, bildgewaltige Sarkophage und die berühmten Fresken aus Knossos, sie alle erzählen von einer friedfertigen, spielerischen, kunstliebenden Kultur, vom Alltag der Bauern und der höfischen Gesellschaft. Helden oder blutrünstige Krieger sucht man in der einzigartigen Sammlung vergeblich.

Geheimnisvoller Diskos

Die Minoer schätzten vielmehr Tanz und Gesang, das leichte, sinnenfrohe Leben, kultische (Stier-)Spiele und elegant, ja modisch gekleidete Frauen. Sie sind immer wiederkehrende Motive auf Fresken und ein Indiz für die hohe Stellung der Frau innerhalb der Gesellschaft. Doch auch wenn die einzelnen Puzzleteile ein einigermaßen klares Bild des altkretischen Lebens vermitteln, einige Geheimnisse haben die Minoer bewahrt. So ist es bislang noch keinem Forscher gelungen, die Schrift auf dem Diskos von Phaistos zu entziffern. Was könnten uns diese Hieroglyphen wohl Interessantes über das Leben vor rund 3700 Jahren verraten?

Info

- Öffnungszeiten: April–Okt. tgl. 8–20, 31. Okt.–März Mo 11–17, Di–So 8–15 Uhr. Wer nicht lange in der Schlange stehen möchte, besucht das Museum am besten frühmorgens oder spätnachmittags.
- Kombiticket Museum/Knossos: 16 €.
- Am Eingang erhält man einen ausführlichen Bildführer durch das Museum. Der Kauf lohnt sich!
- Für das Fotografieren gelten dieselben Regeln wie sonst auch in den griechischen Museen › S. 150.
- Im Museumscafé kann man sich eine Pause gönnen.

Minoischer Stierkopf (um 1500 v. Chr.)

Von der Dedalou zum venezianischen Hafen

In der **Dedalou** 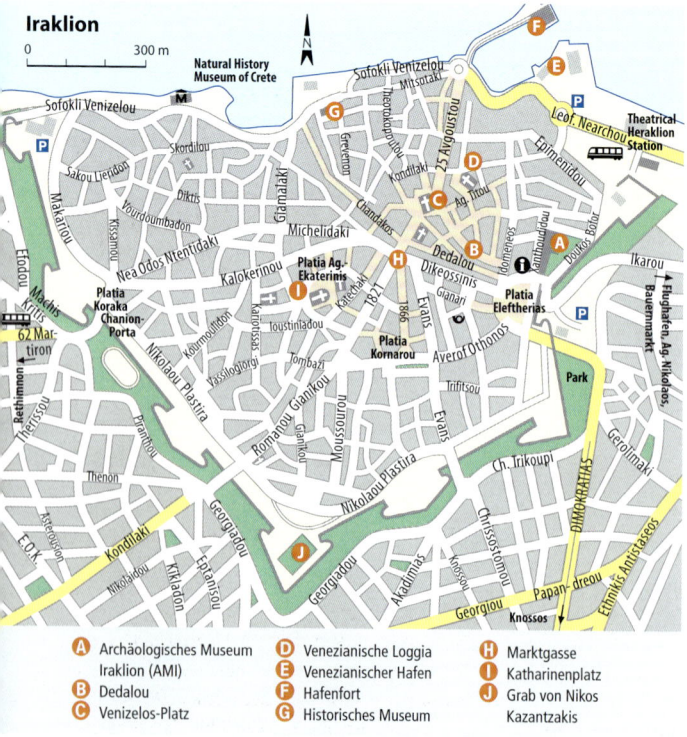 **[c2]**, der Einkaufs- und Tavernengasse (Fußgängerzone), findet man Schmuck- und Souvenirgeschäfte, die Modekette Zara sowie kretische Boutiquen, weiterhin Nike- und Boss-Shops.

Die Gasse mündet auf den **Venizelos-Platz** ☻ **[b1]** mit dem venezianischen Löwenbrunnen (Morosini-Brunnen). Der lauschige Platz ist ein beliebter Treffpunkt der Jugend, die sich allabendlich zur Zeit der Volta bei den *Leontaria* (Löwen) verabredet. **50 Dinge** ⑫ › S. 13.

Die vis-à-vis gelegene einstige venezianische Kathedrale ist nach dem Stadtheiligen Markus benannt. In der Basilika werden heute Kopien berühmter Fresken aus Kretas Kirchen ausgestellt.

Die **venezianische Loggia** ☻ **[c1]** wurde zwischen 1626 und 1628 errichtet. Sie diente den venezianischen Adligen als eine Art Klubhaus und ist ein herausragendes Beispiel für die Architektur im Stil der Renaissance auf Kreta.

In der Vorhalle der Loggia sind Medaillons berühmter Kreter angebracht: Knossos-Entdecker und ers-

Ⓐ Archäologisches Museum Iraklion (AMI)
Ⓑ Dedalou
Ⓒ Venizelos-Platz
Ⓓ Venezianische Loggia
Ⓔ Venezianischer Hafen
Ⓕ Hafenfort
Ⓖ Historisches Museum
Ⓗ Marktgasse
Ⓘ Katharinenplatz
Ⓙ Grab von Nikos Kazantzakis

Der Fischerhafen von Iraklion bietet auch heute noch einen idyllischen Anblick

ter Ausgräber Minos Kalokerinos, El Greco und sein Lehrer Michalis Damaskinos, der Dichter und Nobelpreisträger Odisseas Elitis und die Schriftsteller Vitzenzos Kornaros und Nikos Kazantzakis.

Die **Tituskirche** hinter der Loggia zeigt einen Mix unterschiedlicher Stilelemente: Eine türkische Kuppelmoschee wurde in eine christlichorthodoxe Kirche zurückverwandelt. Islamisch sind jedoch noch die Arabesken, die »Eselsrücken« über den Fenstern und die Stalaktitgewölbe im Narthex (Vorhalle).

Der **venezianische Hafen** ❸ [c1] mit türkischem Leuchtturm wird heute als Fischer- und Jachthafen genutzt. Ein Blick in die venezianischen Arsenale lohnt ebenso wie der Besuch des Hafencafés, wo man nah am Wasser den Blick auf das abendlich erleuchtete venezianische **Hafenfort** ❺ [c1] genießen kann. Über die Mole schlendert man zu den gut erhaltenen Außenmauern des Forts, an ihnen sind drei Markuslöwen angebracht.

Im Innenhof befindet sich das Kazantzakis-Theater. Über das aktuelle Veranstaltungsprogramm informiert die EOT.

Vom Hafen zum Katharinenplatz

Das **Historische Museum** ❻ [b1] ist im einstigen klassizistischen Wohnhaus des Kaufmanns Minos Kalokerinos untergebracht, der 1878 Knossos entdeckte. Das Museum bewahrt Objekte aus den nachklassischen Epochen Kretas. Im Obergeschoss sind die deutsche Besatzungszeit von 1941 bis 1945 und ihre schrecklichen Ereignisse dokumentiert; hier sieht man auch das nachgestellte Arbeitszimmer des Autors Nikos Kazantzakis (»Alexis Sorbas«) und diverse Ausgaben seiner Bücher (April–Okt. Mo–Sa 9 bis 17, Nov.–März 9–15.30 Uhr, www. historical-museum.gr).

Wer sich für Kazantzakis interessiert, der sollte auch das ihm gewidmete Museum in **Mirtia** bei Archanes sowie die Kazantzakis-

Dokumentation im Volkskundemuseum in **Agios Georgios** auf der Lassithi-Ebene besuchen.

Im Gedränge der **Marktgasse** 🅗 [b2] (Odos 1866) und in den schmalen Seitengassen mit dem Obst- und Gemüsemarkt, den Souvenirgeschäften und Handwerksläden kommt ❗ Basaratmosphäre auf. Hier kann man günstig Gewürze erstehen, Joghurt aus Tontöpfen probieren oder sich beim Schuster auf der Straße die abgelaufenen Absätze erneuern lassen. **50 Dinge** ⑭ › **S. 13**.

Am oberen Ende der Marktgasse, an der **Platia Kornarou**, steht der venezianische **Bembo-Brunnen** mit einem kopflosen römischen Togatus aus Ierapetra. Daneben lädt ein türkisches Brunnenhaus, in dem heute ein winzig kleines Kafenion untergebracht ist, zum Verweilen ein.

Am **Katharinenplatz** ❶ [b2] *(Platia Agia Ekaterinis)* lohnt das **Ikonenmuseum** mehr als einen Blick. Es befindet sich in der 1555 gegründeten Kirche **Agia Ekaterini**, der einstigen Kirche des Katharinenklosters, das unter den Venezianern vom Katharinenkloster der Sinai-Halbinsel als Hochschule geführt wurde. Glanzstücke des auch architektonisch interessanten Museums sind sechs Ikonen von Michalis Damaskinos.

Weitere Besuchsziele auf dem Katharinenplatz sind die **Große** und die **Kleine Minaskirche**. Der Soldatenheilige Minas ist der Schutzherr Iraklions, die große Kirche seit 1895 orthodoxe Kathedrale der Stadt. Der Innenraum ist mit Wandbildern aus den 1980er-Jahren vollständig ausgemalt. Die Kleine Minaskirche stammt aus dem 15. Jh. Im Innern kann man eine prächtige Ikonostase mit Weinrankenmuster aus dem 18. Jh. und einige wertvolle Ikonen bewundern.

Grab von Nikos Kazantzakis 🅙 [b3]

Der 1883 in Iraklion geborene und im Jahre 1957 in Freiburg verstorbene Dichter und Diplomat Nikos Kazantzakis, Autor des berühmten Buches »Alexis Sorbas«, das mit Anthony Quinn in der Hauptrolle verfilmt wurde, fand seine letzte Ruhestätte unter einem einfachen Holzkreuz auf der Martinengo-Bastion. Auf dem Grabstein ist in der persönlichen Handschrift des Dichters die Essenz seiner Lebenserfahrung eingemeißelt: »Ich hoffe nichts, ich fürchte nichts, ich bin frei.« **50 Dinge** ㉕ › **S. 15**.

CretAquarium [K3]

Nicht nur für Kinder ein lohnendes Besichtigungsziel: In den Becken des ❗ größten Meeresaquariums im östlichen Mittelmeer schwimmen rund 200 Fischarten vom Hai bis zum Seepferdchen. Das Aquarium arbeitet mit dem Hellenischen Zentrum für Meeresforschung gleich nebenan zusammen (Gournes, 15 km östlich von Iraklion, Mai bis Sept. tgl. 9.30–21, Okt.–April bis 17 Uhr, www.cretaquarium.gr).

Info

Städtisches Infocenter
• Platia Nikiforou (Nähe Morosini-Brunnen) | Iraklion | Tel. 28 31 40 97 77 www.heraklion.gr | Mo–Fr 9–15 Uhr

Das CretAquarium präsentiert in 60 Becken die Unterwasserwelt des Mittelmeers

Verkehr

- **Flughafen:** Vom Nikos Kazantzakis International Airport (www.heraklion airport.net) verkehren **Busse** nach Iraklion. Die blauen Stadtbusse fahren alle 5–20 Min. ins Zentrum zur Platia Eleftherias und weiter zum Busbahnhof B an der Chanion Porta (von dort Anschluss nach Südkreta). Linie 6 fährt weiter zu den Badehotels westlich der Stadt. Die Fahrscheine kauft man an speziellen Kiosken, die sich an den Haupthaltestellen, so auch am Flughafen, befinden. Weiterreise mit dem **Taxi:** Am Taxistand vor dem Flughafengebäude sind die Entfernungen zu den wichtigsten Zielen und die Fahrpreise angeschlagen.

- **Busse:** Es gibt zwei Busbahnhöfe, von denen aus die grün-gelben Überlandbusse starten. Südkreta, die Messara-Ebene, Anogia, Rodia und Fodele werden vom Busbahnhof am Chania-Tor aus bedient. Die Busse Richtung Rethimnon / Chania (entweder über die Küstenstraße oder – 2 Std. länger – über die »Old Road«) starten am Busbahnhof am Fährhafen. Von Rethimnon oder Chania aus kann man dann weiterfahren. Vom Fährhafen geht es auch in den Inselosten, nach Agios Nikolaos, Ierapetra und Sitia. Gepäckaufbewahrung in der Odos 25 Avgoustou oder am Flughafen.

- **Fähren:** Mindestens täglich nach Piräus; mindestens einmal pro Woche, mehrmals in der Hauptsaison, auch nach Santorin und zu anderen Kykladeninseln, nach Rhodos, Karpathos und Kassos. Auskünfte erteilen die Reisebüros an der Odos 25 Avgoustou oder am Hafen.

Hotels

Lärmempfindliche sollten in Iraklion Zimmer nach hinten hinaus nehmen oder auf die Strandhotels im Westen der Stadt ausweichen (dort gibt es aber ein Kraftwerk und viele Touristen). Hotels in der Altstadt:

Agapi Beach €€€
Großes Strandhotel mit 290 Zimmern, breites Wassersportangebot, zwei Tennisplätze mit Flutlicht.
- Ammoudara-Strand (6 km außerhalb)
  Tel. 28 10 25 05 02
  www.agapibeach.gr

GDM Megaron €€€

❗ Stilvolles Luxushotel, ideal, um sich mal so richtig verwöhnen zu lassen.
• Dukos Beaufort 9 | Iraklion
   Tel. 28 10 30 53 00
   www.gdmmegaron.gr

Lato €€€

Oberhalb des Fährhafens gelegen, mit allem Komfort. Zimmer mit Meerblick; Dachgartenbar und Jacuzzi.
• Odos Epimenidou 15 | Iraklion
   Tel. 28 10 22 81 03
   www.lato.gr

Daidalos €€

Ordentliches Stadthotel für alle, die mittendrin wohnen wollen.
• Dedalou 15 | Iraklion
   Tel. 28 10 24 48 12

Preiswertere, einfache Unterkünfte findet man rund um den El-Greco-Park und in der Nähe des Löwenbrunnens, z. B.:

Hotel Lena €–€€

Ruhiges Zimmer verlangen.
• Lachana 10 | Iraklion
   Tel. 28 10 22 32 80
   www.lena-hotel.gr

Restaurants

Brillant/Herbs' Garden €€€

❗ Stylisher Gourmettempel, im Sommer sitzt man auf dem Hoteldach mit Hafenblick.
• Odos Epimenidou 15 | Iraklion
   Tel. 28 10 33 49 59/71
   www.lato.gr

Kyriakos €€

❗ Raffinierte kretische Küche.
• Dimokratias 53 | Iraklion
   Tel. 28 10 22 24 64

Pagopiion €€

In-Café und Bar, auch Restaurant, an dem bekannten Platz.
• Platia Agiou Titou | Iraklion

Restaurantmeile in der Altstadt von Iraklion

Prassein Aloga Estiatorion €€
Kleiner Italiener, hübscher Platz.
• Handakos / Kidonias 21 | Iraklion
  Tel. 28 10 28 34 29

Shopping
Aerakis
Griechische und kretische Musik von
Klassikern bis zu den aktuellsten Neu-
erscheinungen, teilweise auf dem
eigenen Label Seistron Music erschienen.
• Platia Korai | Iraklion

Crop
Diverse Sorten Kaffee aus verschiedenen
Anbaugebieten, professionell geröstet
und frisch gebrüht. Hübsch verpackter
Kaffee und Zubehör zum Kaffeekochen
daheim sind originelle Souvenirs.
• Aretousas 4 | Iraklion

Folli Follie
Schmuck, Uhren und Accessoires des
international erfolgreichen griechischen
Labels.
• Dedalou 23 | Iraklion
  www.follifollie.com

Road Editions
Die gut sortierte Buchhandlung führt
jede Menge Karten, Stadtpläne und
Reiseführer.
• Chandakos 29 | Iraklion
  Tel. 28 10 34 46 10

Nightlife
• Iraklion hat mehrere große und viele
  kleine Nachtklubs, die meisten liegen
  im Hafenviertel.
• Lyramusik wird im **Erofili,** ca. 3 km
  hinter Knossos, gespielt. Musik und
  Tanz bis 3 Uhr morgens.

• Szenetreff in der Altstadt ist das Vier-
  tel nördlich der Odos Dedalou zwischen dem Löwenbrunnen und dem
  Freiheitsplatz.

Knossos **2** ⭐ [K4]

Knossos war einst das Zentrum der
minoischen Kultur. ❗ Der größte
der minoischen Paläste liegt 5 km
außerhalb von Iraklion inmitten
von Weinfeldern auf dem Kefala-
Hügel. Die Grabung und ihre Publi-
kation sind eng mit dem Namen eines Mannes verbunden: Arthur
Evans. 1894 war Evans erstmals
nach Kreta gekommen, auf der Suche nach einem vorgriechischen
Schriftsystem. Knossos begann ihn
zu fesseln. Evans wollte der Schliemann Kretas werden: derjenige, der
das bei Homer erwähnte Reich des
Minos wieder ans Tageslicht bringen würde, genauso wie Schliemann
der staunenden Öffentlichkeit die
vorhomerische Kultur in Troja und
Mykene vorgeführt hatte. Aus rei-
chem Hause stammend, konnte er
das Grundstück, unter dem Knossos lag, erwerben. 1900 begannen
die Ausgrabungen. Innerhalb weniger Jahre und indem man Wichtiges
einfach wegschaufelte, wurde das
Palastareal freigelegt. Während sich
andere mit der Sicherung der Ruinen begnügten, baute Evans aus
Stahlbeton und mit Farbe den Palast
zu großen Teilen wieder auf, und
zwar so, dass die wieder errichteten
Trakte bewusst unvollendet blieben.
Deshalb brechen Gesimse plötzlich
»malerisch« ab, eine Betonsäule ragt
nur halb hervor, mit Kulthörnern

und *Pithoi* (Krügen) wurde ein raffiniertes künstlerisches Arrangement getroffen. Dieser Ansatz Evans ist in der Fachwelt nicht unumstritten und lässt viele Fragen zur Klärung offen.

Westlicher Palastbereich

Die Bronzebüste des Ausgräbers auf dem **Westhof** Ⓐ am Eingang ins Palastareal rechts am Wege wurde 1935 in seinem Beisein aufgestellt. Evans wurde 1911 wegen seiner Verdienste um die minoische Kultur geadelt; er starb 1941 im Alter von 90 Jahren.

Auf dem gepflasterten Westhof fallen leicht erhobene Prozessionswege auf. Sie führen zu einer großen Schautreppe und weiter zum sog. Kleinen Palast (jenseits der Straße, für Besucher nicht zugänglich).

Vom **Westeingang** Ⓑ mit Polythyron-(Vieltürenraum-)Anlage sind nur die (rekonstruierten) Fundamente erhalten. In Ruinenromantik erhebt sich das **Südpropylon** Ⓒ, an der Wand das große Prozessionsfresko (Originalfragmente im Archäologischen Museum Iraklion). Mit den mykenischen Pithoi wollte Evans andeuten, dass hier in der Nachpalastzeit Mykener lebten. Eine Treppe führt hinauf zum rekonstruierten *Piano Nobile,* dem Obergeschoss. **50 Dinge** ㉚ › S. 15.

Vom Piano Nobile kann man einen Blick in die über 20 **Magazine** Ⓓ im Erdgeschoss werfen. In den von starken Mauern abgetrennten Räumen sind kastenartige Vertiefungen eingelassen. Hier stapelten sich die dem Reich dargebrachten

Tribute: Tuche, Öle, Getreide. An die Wände von **Lichtschacht und Lustralbad** Ⓔ hängten die Archäologen Kopien berühmter minoischer Fresken. Von der **Terrasse** Ⓕ aus hat man einen schönen Überblick über den Innenhof.

Den **Thronraum** Ⓖ kann man nur durch ein Holzgitter betrachten. Der alabasterne Thronsessel stammt aus der Älteren Palastzeit; links und rechts stehen Bänke. Die den Thron flankierenden Greifenfresken (Originale im Archäologischen Museum Iraklion) stammen aus der mykenischen Periode von Knossos (nach 1450 v. Chr.). In den Vorraum haben die Engländer eine Kopie des Thrones gestellt. Eine weitere Kopie steht im Internationalen Gerichtshof in Den Haag, denn Minos war der Mythologie nach auch ein weiser und gerechter Richter.

Östlicher Palastbereich

Der **Nordeingang** Ⓗ zeigt die Rekonstruktion eines bunten Flachreliefs mit einem angreifenden Stier. **Magazine und Werkstätten** Ⓘ, Ⓘ liegen unmittelbar neben den **Wohnräumen** Ⓚ.

Die Treppen des repräsentativen **Treppenhauses** Ⓛ führen hinunter in die Wohnräume der Herrscher von Knossos. Da dieser Trakt gesperrt ist, müssen Besucher ihn umgehen. Von außen kann man in die **Halle der Doppeläxte** Ⓜ, wohl ein offizieller Empfangsraum, und in das **Megaron der Königin** Ⓝ schauen. Die Fresken an den Wänden stellen minoische Damen, eine Tänzerin und Delfine dar.

Ebenso gesperrt ist die **Toilette der Königin** ⓞ samt Kanalisation. Bei dieser Entdeckung soll Evans ausgerufen haben: »Jetzt bin ich der einzige, der auf Kreta ein Klo mit Wasserspülung besitzt!« Der **Südzugang** ⓟ zum Innenhof zeigt eine Kopie des »Lilienprinzen«. Heute vermutet man, dass Fragmente von drei Figuren in die Rekonstruktion des »Priesterkönigs« eingingen.

Außerhalb des Palastes

An der **Schautreppe** ⓠ, dem »Theater« des Palastes, endet der **Prozessionsweg** ⓡ, der zum Kleinen Palast

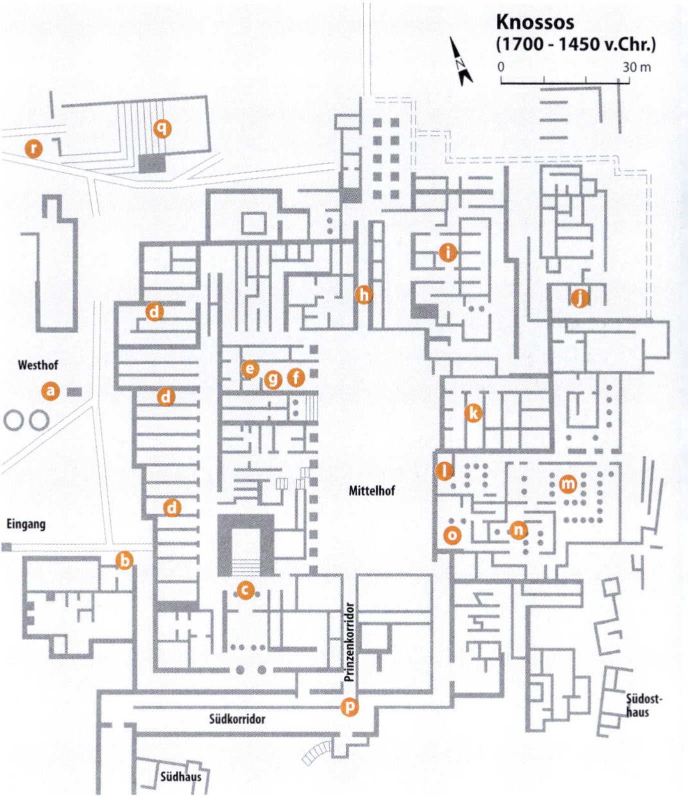

Knossos
(1700 - 1450 v.Chr.)

0   30 m

ⓡ

ⓠ

ⓘ

ⓗ

ⓙ

ⓓ

Westhof

ⓔ ⓖ ⓕ

ⓐ

ⓓ

ⓚ

ⓓ

ⓛ

Mittelhof

ⓜ

ⓓ

ⓞ   ⓝ

Eingang

ⓑ

ⓒ

Prinzenkorridor

**Südost-
haus**

ⓟ

Südkorridor

Südhaus

ⓐ Westhof	ⓖ Thronraum	ⓛ Treppenhaus
ⓑ Westeingang	ⓗ Nordeingang	ⓜ Halle der Doppeläxte
ⓒ Südpropylon	ⓘ Magazine und	ⓝ Megaron der Königin
ⓓ Magazine	Werkstätten	ⓞ Toilette der Königin
ⓔ Lichtschacht und	ⓙ Magazine und	ⓟ Südzugang
Lustralbad	Werkstätten	ⓠ Schautreppe
ⓕ Terrasse	ⓚ Wohnräume	ⓡ Prozessionsweg

Frühe Farbenfreude, zu sehen an einem minoischen Wandfresko im Palast von Knossos

führt. Möglicherweise wurden hier hohe Gäste empfangen oder Kulthandlungen vorgenommen (tgl. 8 bis 20 Uhr, Eintritt 15 €; Kombiticket Knossos und Archäologisches Museum Iraklion 16 €, odysseus.culture.gr).

Verkehr

Busse: Stadtbusse der Linie 2 alle 10 Min. ab Iraklion.

Archanes ❸ [K4]

Das schön gelegene Weinbauerndorf Archanes steht auf den Ruinen eines minoischen Palastes, der an Größe und Ausstattung Knossos gleichkam. Drei wichtige minoische Stätten liegen nahebei: das gut erhaltene **Vathipetro**, 4 km außerhalb, ein Gutshof mit Oliven- und Weinpresse (Di–So 8–15 Uhr), **Anemospilia**, ein Tempel, in dem zur Abwehr des Erdbebens von 1700 v. Chr. ein Mensch geopfert wurde, und **Fourni**, eine vom 3. Jt. bis zur Mykenerzeit benutzte Nekropole (umzäunt, vormittags in der Regel geöffnet). **50 Dinge** ㉗ › S. 15.

Interessanter als die Vor-Ort-Besichtigung dürfte der Besuch im **Archäologischen Museum** von Archanes sein (Dorfmitte, Tel. 28 10 75 27 12, Mi–Mo 8–15 Uhr). Auf informative Weise ist dort das Menschenopfer von Anemospilia dokumentiert.

In der Altstadt von Archanes, am Ortsausgang nach Vathipetro, gibt es gemütliche **Cafés** und **Kafenia**, zum Teil in den zwei kleinen Fußgängerzonen.

Von Archanes aus kann man den Berg Jouchtas (811 m) mit dem Auto auf einer Piste oder zu Fuß (steile und anstrengende Wanderung, ca. 2 Std.) erreichen. Vom Gipfel bietet sich ein guter Ausblick auf die Berge Kretas. Besonders im Frühling ein Erlebnis, wenn die Temperaturen mild und die Wiesen voller Blumen sind.

Verkehr

Busse: Iraklion–Archanes jede volle Stunde ab Busbahnhof (Hafen).

Restaurant

Philosophos €

In der Gartentaverne hilft man auch, den Wärter von Anemospilia zu suchen.

• Gegenüber der Dorfkirche | Archanes

Amnissos ▪4 [K3] und Nirou Chani ▪5 [K3]

Amnissos, 7 km östlich von Iraklion, war einst einer der Häfen von Knossos. Die Minoer zogen hier ihre Schiffe an den Strand. Heute wirken die Ruinen einer minoischen Villa ein wenig verloren. In dem sogenannten Haus des Hafenkommandanten fand man das berühmte Fresko mit den Lilien, das jetzt eines der Glanzstücke in der Freskenabteilung des Archäologischen Museum in Iraklion ist.

Die Reste einer weiteren, besser erhaltenen minoischen Villa stehen weitere 7 km östlich bei **Nirou Chani,** direkt an der Landstraße. Hier staunten die Ausgräber einst über ein Großdepot minoischer Bronzeäxte, von denen einige heute im Archäologischen Museum in Iraklion ausgestellt sind.

Zwischen diesen Überbleibseln minoischer Kultur erstrecken sich einige schöne Strände: der staatliche EOT-Strand bei **Karteros** (Eintrittsgebühr, dafür Duschen, Badekabinen, Schatten und ein gepflegter Rasen) und der schmale Strand von **Tobruk** mit einer guten und preiswerten Fischtaverne. Bis hierher und mit einem Schlenker zum EOT-Bad fahren die Stadtbusse ab der Platia Eleftherias in Iraklion (im Sommer etwa alle 20 Min.).

Rodia (Rogdia) ▪6 [J3]

Eines der beiden Kraftwerke Kretas steht 1 km außerhalb Iraklions am Strand, wird mit Dieselöl betrieben und von Quellwasser gekühlt, das als Brackwasser aus dem Kalkstein sprudelt.

Ein kurzer Abstecher (5 km) führt von hier aus in das Bergdorf Rodia, dessen Häuser sich malerisch an den Hang schmiegen. Im Dorf fallen Hausruinen, zum Teil mit gotischen Fenster- und Türrahmen, auf – einstige prächtige Villen der venezianischen Oberschicht. Schon die Venezianer wussten den wunderschönen Blick zu schätzen, den man von Rodia aus auf die Insel Dia, die Bucht und die Stadt Iraklion genießt.

Restaurants

Am Ortseingang (von Iraklion kommend) gibt es einige Tavernen und Cafés mit Terrasse und herrlichem Panoramablick auf die Bucht.

Fodele ▪7 [J3]

Der Geburtsort des Malers Domenikos Theotokopoulos, besser bekannt unter dem Namen El Greco, liegt inmitten von Orangenplantagen an einem Flüsschen, das selbst im heißesten Sommer noch Wasser führt.

Ein kurzer, ausgeschilderter Spaziergang führt jenseits des kleinen Flusses zu einer Hausruine (neben der mittelbyzantinischen Panagia-Kreuzkuppelkirche) im heute verlassenen Ortsteil Loubinies. Hier soll der berühmte Maler des Manierismus (1545–1614) das Licht der Welt erblickt haben (Di–So 9 bis 15 Uhr).

Entlang der Hauptstraße bieten viele Geschäfte Webwaren an. Auf der Platia am Ortsende steht eine Büste des Künstlers, nahebei auch eine Gedenkinschrift der Universität Valladolid auf Spanisch.

Kloster Savvathianon

Das Nonnenkloster liegt 4 km oberhalb von Rodia. Man erreicht es über einen asphaltierten Serpentinenweg. Das einstige Männerkloster war nach dem Ende des Zweiten Weltkriegs verlassen, und die Gebäude waren zerstört. Nonnen aus ganz Griechenland stellten sich 1946 der Aufgabe, das Kloster wieder in Betrieb zu nehmen. Der Erfolg kann sich auch sehen lassen: Quellwasser sprudelt, Vögel zwitschern, man lustwandelt im Garten inmitten von unzähligen Pflanzen, von den Nonnen liebevoll gepflegt.

Man kann die Klosterkirche, den Garten, einen Kreuzweg und die Kapelle des hl. Antonius besuchen. Revanchieren kann man sich für die Besichtigung mit dem Kauf selbst gehäkelter oder kunstvoll bestickter Decken, die die Nonnen anbieten. Nichtkäufer bedanken sich mit einer kleinen Spende, die man unauffällig hinterlässt.

Chersonissos 8 [L4]

Einst gemütlicher Fischerhafen – daher heißt der Ort eigentlich *Limni* (Hafen) *Chersonissou* –, ist die Stadt heute im Sommer eine Hochburg des Pauschaltourismus. Es ist der größte und lebendigste Ferienort Kretas mit dem größten Freizeitangebot und dem heißesten Nachtleben. Im Winter verkommt Chersonissos allerdings zur Geisterstadt.

An frühchristlicher Kunst Interessierte können am Hafen die Fußbodenmosaiken in den Resten zweier Basiliken besichtigen (das eine Mosaik etwas oberhalb auf dem Gelände des Hotels Nora, das andere, umzäunt, direkt am Hafen).

Der kretischen Volkskunde widmet sich das **Privatmuseum Lychnostatis**. Es liegt 500 m östlich vom Zentrum, direkt am Meer (So–Fr 9–14 Uhr, Filmvorführung auch auf Deutsch, www.lychnostatis.gr).

Hotel

Creta Maris €€€
Ein Klassiker ist dieses 1000-Betten-Haus mit einem Strandhotel und separaten Bungalows, die der typischen ägäischen Architektur nachempfunden sind.
• Tel. 28 97 02 71 10 | Chersonissos
  www.maris.gr

Sport

The Crete Golf Club
7 km südlich von Chersonissos an der Straße nach Kastelli liegen der älteste 18-Loch-Golfplatz Kretas – einen 9-Loch-Platz gibt es noch in Elounda – und eine Golf Academy. In Zusammen-

Archäologen suchen bei Malia bis heute nach weiteren Spuren der minoischen Kultur

arbeit mit dem Klub bieten sechs Hotels Golfprogramme an.

• Tel. 28 97 02 60 00 | Chersonissos
www.cretegolfclub.com

Freizeit

Abwechslung vom Strand bieten bei Chersonissos zwei Spaßbäder, in denen besonders Kinder auf ihre Kosten kommen. Direkt am Ortsrand bietet der **Star Beach Water Park** (www.starbeach.gr) Wasserrutschen und mehr, einige Kilometer im Landesinneren an der Straße nach Kastelli liegt der Vergnügungspark **Aqua Plus** in einem Garten mit exotischen Pflanzen (www.acquaplus.gr).

Malia 9 [L4]

Malia ist ein trubeliger Ferienort, Restaurants, Klubs und Souvenirläden säumen die Flaniermeile Dimokratias. Dennoch: Wer auf der Suche nach dem authentischen Malia ist, der findet auf der dem Landesinneren zugewandten Seite der Hauptstraße immerhin noch den alten Ortskern mit Kirche, Platia und schönen Dorfhäusern.

Vor dem Sandstrand von Malia liegt malerisch auf einer Felseninsel die weiße Kapelle des Agios Nikolaos, des Heiligen der Seefahrer. Beliebt ist vor allem bei jüngeren Urlaubern die Promenade mit ihren zahlreichen Bars, Cafés und Souvenirläden. Nur wenige Kilometer außerhalb zieht der minoische Palast von Malia eher kulturinteressierte Urlauber an. **50 Dinge** 13 › S. 13.

Palast von Malia 10 ⭐ [L4]

Der drittgrößte minoische Palast liegt abseits der Hauptstraße zwischen Olivenhainen und der Nordküste. Französische Archäologen graben hier (mit Unterbrechungen während und kurz nach dem Zweiten Weltkrieg) bis heute. Zwischen Palast und Meer liegt ein Stück unbebauter, geschützter Küste. In den vergangenen Jahren wurde in dem Areal die Wohnstadt freigelegt. Keine andere Palastausgrabung weist eine vergleichbar gut erhaltene Wohnstadt auf (Di–So 8.30–15 Uhr, Juni–Sept. tgl., zurzeit geschl.).

Vom Westhof zur Pfeilerkrypta

Man betritt die Ausgrabungsstätte über den **Westhof** ⓐ mit den erhöhten Prozessionswegen. Etwas südlich liegt der **Magazintrakt** ⓑ mit vier runden Getreidesilos.

In die 34 kleinen und zwei großen Mulden des **Kernos** ⓒ, eines Opfersteins, legten die Minoer vermutlich als Weihgeschenk an die Große Göttin Erstlingsgaben, verschiedene Samen, Brot, Wolle oder Olivenöl.

Der **Innenhof** ⓓ des Palastes weist einen Brandaltar *(Eschara)* in seiner Mitte auf. Auf den erhalten gebliebenen Ziegelsteinen lag einst

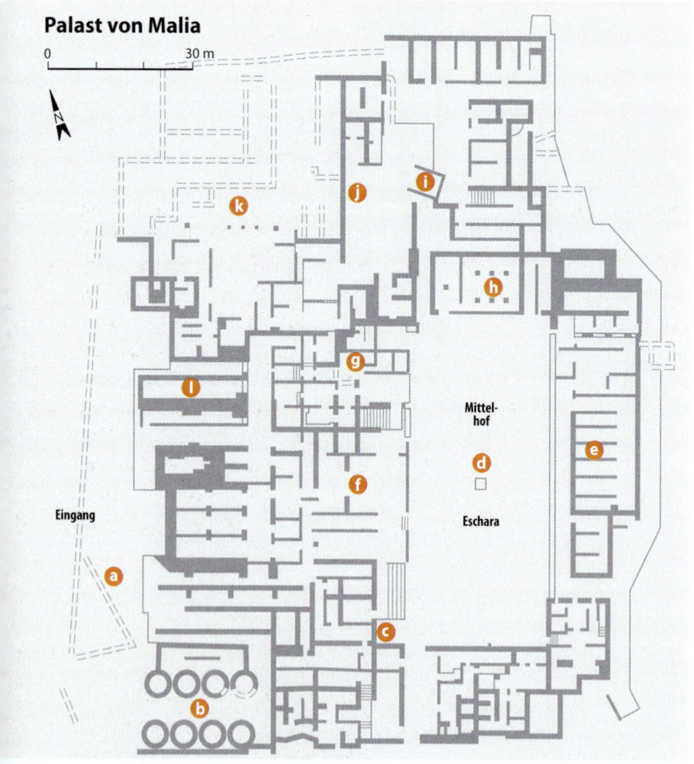

Palast von Malia

ⓐ	Westhof	ⓔ	Magazine	ⓘ	Heiligtum
ⓑ	Magazintrakt	ⓕ	»Pfeilerkrypta«	ⓙ	Nordhof
ⓒ	Kernos	ⓖ	Thronraum	ⓚ	Wohnräume
ⓓ	Innenhof	ⓗ	Halle	ⓛ	Magazine

ein Rost, auf dem Opfertiere verbrannt wurden. An der Ostseite stößt man erneut auf **Magazine** ❺ mit *Pithoi* (Krügen). Die Fußböden lassen noch Abflussrinnen für ausgelaufene Flüssigkeiten erkennen. Auf der anderen Seite des Mittelhofes liegt die **Pfeilerkrypta** ❻.

Vom Thronraum zu den Magazinen

Unterhalb des sogenannten **Thronraums** ❾, dort wo der Herrscher sich zu festlichen Anlässen umkleidete, wurde eine Reihe wertvoller Funde gemacht, darunter ein Zepter mit Pantherkopf (jetzt im Archäologischen Museum in Iraklion).

Die **Halle** ❼ mit starken Pfeilern hat vermutlich als Küche oder Festsaal gedient. Nördlich davon befand sich ein **Heiligtum** ❶, ein schräg gestelltes Gebäude aus mykenischer Zeit. An den **Nordhof** ❶ schließen sich Magazine und Werkstätten an. Die Archäologen haben hier zudem **Wohnräume** ❿ mit Garten sowie weitere **Magazine** ❶ freigelegt.

Nördlich des Palastes liegen Reste eines Gebäudekomplexes, den die Archäologen analog zum Marktplatz der griechischen Polis »Agora« tauften.

Verkehr

Busse: Stündlich Iraklion–Agios Nikolaos. Die Busse halten an der Abzweigung zum Palast. Von dort läuft man dann etwa 15 Min.

Restaurants

Im modernen Malia gibt es viele Fast-Food-Restaurants. Relativ gut und preis-

wert isst und trinkt man in der Fischtaverne **Malia Port** € am alten Hafen sowie in den Tavernen im alten Ortskern rund um die Platia. Besser bedient wird man jedoch außerhalb Malias, z. B. am Hafen von Sissi › **S. 134** oder in Milatos (10 km bzw. 20 km östlich).

Agia Varvara ⑪ [J5]

Agia Varvara liegt ziemlich genau auf der Wasserscheide zwischen Nord- und Südküste. Rechts an der Durchgangsstraße befindet sich ein sehenswertes Volkskundemuseum mit traditionellen landwirtschaftlichen Geräten. Schließlich ist die Gegend für den Anbau von Kirschen bekannt.

Nördlich des Orts Agia Varvara liegt rechts der Straße beim Dorf **Prinias** ein auffälliges Plateau. Darauf erstreckte sich die Polis Rizinia, deren Funde im dädalischen Stil der kretischen Archaik zu den wichtigsten Objekten des Archäologischen Museums in Iraklion gehören. Von den Tempeln aus archaischer Zeit sind nur spärliche Reste geblieben. Ein Spaziergang auf dem Areal lohnt sich – jedoch mehr der Sicht wegen.

Zaros ⑫ ⭐ [J5]

Das Bergdorf Zaros liegt am Ausgang der **Rouvas-Schlucht**. Es ist ❗ berühmt für seine Quellen und sein Wasser, das man auf der Insel in jedem Supermarkt findet. Auch die Griechen flüchten vor der Hitze des Sommers gerne hierher in die kühleren Berge. In Zaros lohnen

Fischtaverne bei Zaros

sich ein Forellenessen und eine Wanderung in die grüne Rouvas-Schlucht, deren klares Gebirgswasser einen See und die Becken der Forellenzucht von Zaros speist. Wanderer können auf einem ausgebauten Pfad zu einem Picknickplatz unter Kermeseichen wandern (insgesamt ca. 5 Std.). Nach rund 1 km trifft man auf das **Kloster Agios Nikolaos,** dessen Jahresablauf sich am Julianischen Kalender orientiert. Da es Kretas einziges derartiges Kloster ist, leben hier nach wie vor Mönche und Nonnen in zwei Trakten zusammen.

An byzantinischer Kunst Interessierte finden in der Umgebung von Zaros in zwei Kirchen sehenswerte Wandmalereien im italo-byzantinischen Stil des venezianischen Kreta. Vor dem **Kloster Vrondisi** steht ein venezianischer Brunnen mit Adam und Eva unter dem Paradiesbaum. Darunter spenden vier Wasserspeier, die die vier Paradiesflüsse sym-

bolisieren, kühles Quellwasser. Die Türken haben Adam und Eva die Köpfe abgeschlagen, erzählt der einzige Mönch des Klosters. Er zeigt auch einen Raum, in dem Fotos an die Hilfe erinnern, die das Kloster den Widerstandskämpfern in der Türkenzeit und während der deutschen Besatzungszeit zuteil werden ließ.

Die Kirche des **Klosters Valsamonero** ist noch erhalten, das Kloster jedoch verlassen (Schlüssel beim Wärter im 4 km entfernten Vorizia). Die Kirche ist fast vollständig mit Fresken ausgemalt (14.–16. Jh.), die zu Kretas bedeutendsten byzantinischen Kunstwerken zählen, wie der selten abgebildete Akathistos-Hymnus (ein Marienhymnus, der »nicht sitzend«, *akathistos,* gesungen wird) und Szenen aus dem Leben Johannes des Täufers.

Die Klöster verbindet ein Fußweg durch eine Schlucht. Den Wandergenuss beeinträchtigt allerdings der Müll, der dort regelmäßig entsorgt wird.

Hotel

Idi €€
Berghotel mit funktionierender Getreide-Wassermühle. Forellenzucht im eigenen Teich. Gutes Restaurant.
• Tel. 28 94 03 13 02 | Zaros
www.idi-hotel.gr

Restaurants

Zaros besitzt Kretas einzige Süßwasser-Fischzucht. Die örtlichen **Fischtavernen** bieten Forellen und Lachse an, so z.B. das **Votomos** (€) an der Straße zum See oberhalb des Idi.

Shopping

Der **Instrumentenbauer** Antonios Stefanakis hat seine Werkstatt in Zaros. Er fertigt Lyren, Busukis und kretische Dudelsäcke, www.stefanakis-antonis.gr.

Mires 13 [H5]

Mires, die Hauptstadt der Messara-Ebene, ist eine typisch neu-kretische, wenig attraktive Kleinstadt. Sehenswert ist jedoch der samstags stattfindende Wochenmarkt, zu dem die Bauern zum Teil noch auf Eseln anreisen.

Phaistos 14 ⭐ [H5]

Von allen kretischen Palästen liegt Phaistos (Festos) wohl am stimmungsvollsten: auf einem Hügel ❗ mit Blick auf die Berge des Ida-Massivs und auf die Messara-Ebene. Die italienischen Archäologen, die hier seit Anfang des 20. Jhs. graben, verzichteten auf Beton und Farbe, sodass der Unterschied zwischen Älterer und Jüngerer Palastzeit deutlich wird. Allerdings ist dabei auch Fantasie gefragt (tgl. 8–20, im Winter 8.30–15 Uhr).

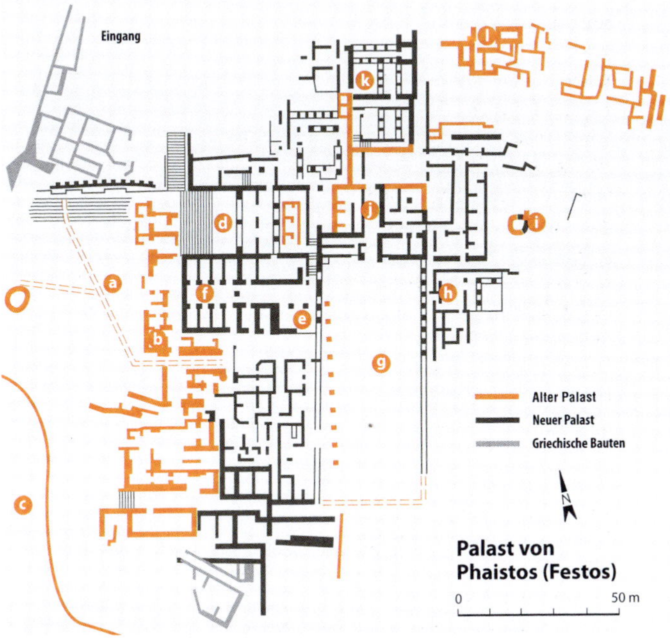

Eingang

— Alter Palast
— Neuer Palast
— Griechische Bauten

N

Palast von Phaistos (Festos)

0 — — — 50 m

ⓐ Westhof
ⓑ Pithoi
ⓒ Hausmauern und Gassen
ⓓ Eingang
ⓔ Thronraum
ⓕ Magazinräume
ⓖ Innenhof
ⓗ Lustralbad
ⓘ Bronzeschmelzofen
ⓙ Haupteingang
ⓚ Königliche Gemächer
ⓛ Schatzkammern

Westlicher Palastbereich

Der **Westhof** ⓐ stammt ebenso wie die Fundamente, über denen die Besucher stehen, aus der Älteren Palastzeit. Nach der Katastrophe um 1700 v. Chr. › **S. 36** wurde der neue Palast 10 m nach Osten verschoben errichtet, man steht vor seiner Außenmauer. Die **Pithoi** ⓑ (Krüge) stehen unter einer modernen Schutzdecke aus Beton und stammen aus der Älteren Palastzeit. Man erkennt **Hausmauern und Gassen** ⓒ der minoischen Stadt, die einst den Palast umgab. Ebenso wie in Knossos, Malia und Kato Zakros war die Stadt nicht durch eine Mauer vom Palast getrennt. Ein gepflasterter Weg, der erhöht durchs Häusergewirr führt, ist ein Überrest aus der geometrischen Periode.

Zum monumentalen **Eingang** ⓓ, den Propyläen, führt eine 14 m breite Treppe hinauf. Möglicherweise diente der Eingangsbereich auch als Ort kultischer Zeremonien.

Die Anlage des **Thronraums** ⓔ mit benachbartem Lustralbad (Kultbad) und Magazin ähnelt der in Knossos, aber es wurde kein Thron gefunden.

Merkwürdige (Steinmetz?-)Zeichen finden sich an den Anten (vorspringenden Mauern) der Zwischenwände der **Magazinräume** ⓕ. Anhand des überdachten Magazins erhält man eine gute Vorstellung vom Aussehen auch der anderen Vorratsräume. Einige Pithoi wurden wieder aufgestellt.

Östlicher Palastbereich

An der Westseite des **Innenhofs** ⓖ, um den sich alle wichtigen Gebäude gruppieren, sieht man, vertieft in Karrees, das Niveau des Innenhofs der Älteren Palastzeit. Östlich davon befindet sich ein weiteres **Lustralbad** ⓗ. Ein **Bronzeschmelzofen** ⓘ weist Schlackespuren auf (umzäunt). Durch den **Haupteingang** ⓙ zum Zentralhof gelangt man in die **Königlichen Gemächer** ⓚ, die luxuriös ausgestattet waren: Wandverkleidung mit Alabaster, Polythyra, Lichthof. In den Schatzkammern ⓛ fand man Linear-A-Täfelchen und den **Diskos von Phaistos** (im Archäologischen Museum Iraklion).

Agia Triada 15 ⭐ [H5]

4 km von Phaistos entfernt liegt Agia Triada, ein weiterer minoischer Palast. Einige Archäologen deuten ihn als Villa des Herrschers

---

**▮ Erst-
▮ klassig**

Die wichtigsten Ausgrabungsstätten

∙∙

von Phaistos. Er datiert aus der Jüngeren Palastzeit (1700–1450 v. Chr.). Die Mykener haben später auf die zerstörten Grundmauern ein *Megaron* (ein Herrenhaus in der Grundform des griechischen Tempels) gesetzt und neben dem Palastareal eine ganze Stadt mit Läden und Marktplatz errichtet (Di–So 10–16, im Winter 8.30–15 Uhr).

Im 4 km entfernten Dorf **Vori** dokumentiert ein Volkskundemuseum das Bauernleben (Tel. 28 92 09 11 10, April–Okt. tgl. 10–18 Uhr, www.cretanethnologymuseum.gr).

Ruinen des Odeons von Gortis

Gortis 16 ⭐ [J5]

Ein Streifzug durch die Ruinen der römischen Hauptstadt rechts und links der Straße lohnt sich über den umzäunten und eintrittspflichtigen Bereich hinaus. Man kann auf die Akropolis steigen oder die römisch-kaiserzeitlichen Monumente suchen, die unter den Olivenbäumen der Ausgrabung harren. Pfade führen zu den Spuren eines Theaters und eines Stadions, zu Heiligtümern und zum riesigen, freigelegten Areal des römischen Prätoriums. ❗ Ein atmosphärisch sehr schöner Ort (Mo–Sa 8–20 Uhr).

Von der Tituskirche zur Akropolis

Von der **Tituskirche** ⓐ aus dem 6. oder 7. Jh. steht allein noch der Altarbereich. Die frühchristliche Basilika hatte drei Längsschiffe und eine

ⓐ Tituskirche
ⓑ Odeon
ⓒ Platane
ⓓ Akropolis
ⓔ Isis- und-Serapis-Heiligtum
ⓕ Theater
ⓖ Nymphenheiligtum
ⓗ Thermen
ⓘ Amphitheater
ⓙ Stadion

Höhlen am Strand von Matala

(in *ordo boustrophedon,* »wie ein Ochsenpflug, der hin- und herzieht«), sind Gesetze des Privat- und Strafrechts veröffentlicht. Je nach gesellschaftlichem Stand gab es für die gleiche Tat unterschiedliche Strafen. So wurde Ehebruch unter Sklaven mit 60 Obolen geahndet, unter Freien aber mit 600 bis 1200 Obolen. Ein Handwerker verdiente damals etwa drei bis sechs Obolen pro Tag.

Das seltene Exemplar einer immergrünen **Platane** gilt in der Mythologie als Ort der Vereinigung des Zeus in Stiergestalt mit der Prinzessin Europa. Daraus gingen Minos und seine Brüder Rhadamanthys und Sarpedon hervor.

Von der **Akropolis** aus, auf der die Reste eines griechischen **Theaters** stehen, bietet sich ein herrlicher Panoramablick.

Weitere Überreste

Das **Isis-und-Serapis-Heiligtum** zeigt, dass die Römer die Religionen der besiegten Völker, hier der Ägypter, einfach übernahmen. Weitere Überbleibsel römischer Repräsentationsarchitektur liegen verstreut im Gelände: ein **Theater** , ein **Nymphenheiligtum** mit Sitz des Statthalters, **Thermen** , ein **Amphitheater** und ein **Stadion** .

Matala 17 [H5]

Einer der bekanntesten Badeorte der Messara-Ebene ist Matala. Hier kann man einen Blick in die Wohn- und Grabhöhlen werfen, von denen die Felswand neben dem Strand

Kuppel. Sie barg das Grab des hl. Titus, den der Apostel Paulus auf Kreta zurückließ, damit er die Bevölkerung missionierte. Nach dem Ende der arabischen Herrschaft 961 wurde Gortis nicht wieder besiedelt, Kretas neue Hauptstadt war Iraklion. Dort wurde auch die neue Tituskirche erbaut.

Das **Recht von Gortis** im **Odeon** ist der erste schriftlich niedergelegte europäische Rechtskodex. In die hintere Stützwand des römischen Odeons wurden die Blöcke der Inschrift aus dem 5. Jh. v. Chr. als *Spolien* (wieder verwendete Architekturteile) eingebaut. Sie war wohl ursprünglich zur allgemeinen Information auf der Agora von Gortis ausgestellt. In mehr als 600 Zeilen, die in Großbuchstaben alternierend von links nach rechts und von rechts nach links geschrieben sind regelrecht durchlöchert ist. In den späten 1960er-Jahren magischer Anziehungspunkt für Blumenkinder, wurden die Höhlen später unter Denkmalschutz gestellt.

Hotels

Calypso €€
Angenehm und freundlich mit 15 ordentlichen Zimmern und Pool.
• Tel. 28 92 04 57 92 | Matala
 www.calypso-matala.com

Dimitris Villa €€
Das kurz vor dem Ortszentrum gelegene Hotel bietet helle, saubere und angenehme Zimmer sowie einen schönen Garten mit Pool.
• Tel. 28 92 04 50 02 | Matala
 www.dimitrisvilla.gr

Eva-Marina €
Helle Zimmer mit Balkon, 50 m vom Strand Matalas entfernt.
• Tel. 28 92 04 51 25 | Matala
 www.evamarina.com

Restaurants

Scala €
Spezialität ist frischer Fisch, gekocht oder vom Grill. Toller Blick auf den Strand.
• Im Süden der Bucht | Matala

Sirtaki €
Taverne mit traditionellen Gerichten.
• Oberhalb vom Strand | Matala

Kalamaki 18 [H5]

Ruhig geht es in dem kleinen Strandort Kalamaki zu. Hier wohnt man hauptsächlich in strandnahen Apartments. Am weitläufigen Strand reihen sich mehrere Tavernen an einer hübschen Promenade aneinander. Wer nicht unbedingt am Strand wohnen will, der weicht ins Hinterland in das Dorf **Pitsidia** aus. Von dort sind es etwa 3 km zum Kommos-Strand.

Lentas 19 [J6]

Ein individueller Ferienort an der Südküste, der viel von seinem ursprünglichen Charme bewahrt hat, ist das abgelegene Lentas. Noch vor 20 Jahren trafen sich an der kilometerlangen Sandbucht, einen halbstündigen Fußmarsch vom kleinen Fischerdörfchen entfernt, die Rucksackreisenden. Für die Versorgung mussten zwei Tavernen ausreichen. Heute findet man eine gut entwickelte Infrastruktur mit kleinen Pensionen und Tavernen.

SEITENBLICK

Containerhafen Timbaki?
Eine Zeit lang standen die Zeichen für den Tourismus an der Südküste auf Sturm, denn die griechische Regierung plante zusammen mit chinesischen Investoren einen riesigen Containerhafen bei **Timbaki.** Er war als Verteiler für chinesische Exporte im östlichen Mittelmeer gedacht und sollte selbst Piräus an Größe übertreffen. Bei Einheimischen wie Besuchern regte sich Widerstand, dann sorgte die Staatskrise dafür, dass das Projekt auf Eis gelegt wurde. Ob die Pläne für einen neuen Containerhafen an Kretas Südküste aber endgültig vom Tisch sind, darf bezweifelt werden.

REGIONAL-BEZIRK LASSITHI

Kleine Inspiration

- **Den Blick schweifen lassen über die Lassithi-Hochebene** mit ihren Windrädern › S. 134
- **Den Tag verbummeln** in einer der kleinen Tavernen von Mochlos direkt am Wasser › S. 137
- **Einen Strandtag unter Palmen einlegen,** am berühmten Strand von Vaï › S. 139
- **Minoische Geschichte erleben** im Palast Kato Zakros › S. 140

Mediterranes Hafenflair in Agios Nikolaos, Meister-leistungen byzantinischer Kunst in der Panagia-Kera-Kirche bei Kritsa, minoische Ruinen in Gournia und Kato Zakros und Palmenschatten am Strand von Vaï.

Lassithi ist eine sehr gebirgige Region und besitzt in weiten Teilen die kargste und raueste Landschaft Kretas. Nur die fruchtbare Hochebene, die dem Regionalbezirk seinen Namen gab, macht da eine Ausnahme. Aber gerade aus der Kargheit der Berglandschaft und deren Gegensatz zu den malerischen Buchten, den zahlreichen Stränden und dem türkisfarbenen Meer bezieht der Bezirk seinen besonderen Reiz.

Die Region ist touristisch noch nicht überlaufen, nur am **Palmenstrand von Vaï** wird es in der Hochsaison voll. Die wichtigsten Städte sind **Agios Nikolaos** und **Sitia** an der Nordküste sowie **Ierapetra** an der Südküste. Sitia ist bekannt für hochwertiges Olivenöl und Wein, Ierapetra wird geprägt von Gemüseanbau und Gewächshäusern. Agios Nikolaos mit dem charakteristischen kleinen See am Hafen ist Verwaltungszentrum des Regionalbezirks. Das nahe gelegene **Elounda** gilt als exklusivster Ferienort Griechenlands, die Küste des **Golfs von Mirabello** nennt sich die Riviera Kretas. Andererseits ist an der Südküste auf der Ierapetra vorgelagerten **Insel Chrissi** mit dem einzigen natürlichen Zedernwald Europas bereits ein Hauch von Afrika zu spüren.

Ganz im Osten Kretas findet sich mit dem minoischen Palast von **Kato Zakros** eine der bedeutendsten Ausgrabungsstätten Kretas. Dort gibt es noch sehr viele ursprüngliche Orte in spektakulärer Berglandschaft und an der Küste fast unberührte Buchten. Die teils sehr unzugänglichen, von Schluchten durchzogenen Berge steigen steil in das Landesinnere bis auf eine Höhe von rund 2000 m an und fallen schroff zum Meer hin ab.

Nur direkt an der Küste gibt es einen mehr oder weniger breiten Streifen flachen Landes. Die ausgedehnteren Strände finden sich an der Südküste zwischen Ierapetra und Makrigialos, gut baden kann man aber auch an der Nordküste bei Agios Nikolaos, Elounda und Istro. Vielerorts finden sich auch noch die typischen, untouristischen Kafenia und Restaurants, in denen die obligatorischen *Mezedes*, verschiedene Häppchen auf kleinen Tellern, serviert werden. Dazu gibt es *Raki*, den Tresterschnaps der Kreter, nicht zu verwechseln mit dem türkischen Anisschnaps.

Eine durchgehende, gut zu befahrene Straßenverbindung zwischen Nord- und Südküste besteht nur an zwei Stellen der Region Lassithi. In die Berge führen kleine, enge Straßen, auf denen man nur langsam und mit Vorsicht weiterkommt.

Der Voulismeni-See in der Stadt Agios Nikolaos ist mit dem Seehafen verbunden

Touren in der Region

 ## Lassithi, Kretas Kornkammer

**Route: Agios Nikolaos ›
Neapoli › Lassithi-Hochebene ›
Agios Georgios › Zeushöhle ›
Panagia Kera › Krassi › Malia ›
Agios Nikolaos**

Karte: Seite 126
Dauer: Tagestour; 150 km.
Praktische Hinweise:
• Klassische Tour mit dem Pkw.
• Die Ebene kann auch von Iraklion
  kommend angesteuert werden,
  dann zweigt man kurz vor Malia
  nach Süden ab › **Tour 10** › S. 98

Tour-Start:

Mit ihren stoffbespannten Windmühlen und ruhigen Dörfern ist die 800 m hoch gelegene, fruchtbare Lassithi-Ebene ein besonderes Landschaftserlebnis. Das gilt vor allem im Frühjahr, wenn die umliegenden Berge des Dikti-Gebirges noch schneebedeckt sind. Aus **Agios Nikolaos** 1 › S. 129 kommend, zweigt eine kurvenreiche Straße bei Neapoli zur **Lassithi-Hochebene** › S. 134 ab. Von der Passhöhe genießt man den Ausblick auf die fast runde Ebene. Auf dem Plateau führt eine Straße einmal ganz um die Hochebene herum (ca. 20 km). **Agios Georgios** 7 › S. 135 liegt wie alle Lassithi-Dörfer am Rand des Plateaus. Einen kurzen Fußmarsch oder einen 20-minütigen Maultierritt vom Parkplatz bei Psichro entfernt liegt die **Zeushöhle** 8 › S. 135. 5 km später zweigt die Straße Richtung Iraklion ab. Kurz darauf empfiehlt sich ein Halt am Kloster Panagia Kera, in dem eine

Touren im Regionalbezirk Lassithi

Tour 11

Lassithi, Kretas Kornkammer

Agios Nikolaos › Neapoli › Lassithi-Hochebene › Agios Georgios › Zeushöhle › Panagia Kera › Krassi › Malia › Agios Nikolaos

Tour 12

Durch Kretas Osten

Agios Nikolaos › Mochlos › Sitia › Palekastro › Vaï › Kato Zakros › Xerokambos › Ziros › Lithines › Makrigialos › Ferma › Ierapetra › (Ausflug nach Chrissi) › Agios Nikolaos

Südsee-Feeling inmitten steiniger Einöde: der Palmenstrand von Vaï

Marienikone verehrt wird. Seine spätbyzantinischen Fresken (14. Jh.) ähneln denen der Panagia in Kritsa. Einige Kilometer weiter sitzt man neben der knorrigen Platane von Krassi, Kretas größter, angenehm im Kafenion. Über Mochos und Malia › S. 115 geht es zurück. Wer mag, nimmt bei **Sissi** **6** › S. 134 noch ein erfrischendes Bad im Meer.

Durch Kretas Osten

Route: Agios Nikolaos › Mochlos › Sitia › Palekastro › Vaï › Kato Zakros › Xerokambos › Ziros › Lithines › Makrigialos › Ferma › Ierapetra › Agios Nikolaos

Karte: Seite 126
Dauer: 1–2 Tage; 220 km. Die reine Fahrzeit beträgt ohne Abstecher nach Xerokambos etwa 4,5 Std. Lässt man sich mit dem Auto einen Tag mehr Zeit, dann bieten sich Xerokambos oder Palekastro als Nachtquartier an.

Praktische Hinweise:
• Die Tour kann mit dem Auto von jedem genannten Ort aus gestartet werden. Dann sollte man aber den Schlenker nach Westen, nach Agios Nikolaos, auslassen und den Rest der Strecke als Rundtour fahren.
• Wer die Tour mit dem Bus unternimmt, sollte 2–3 Tage einkalkulieren (Zwischenübernachtung in Sitia, Palekastro, Zakros oder Kato Zakros). Achtung: Die Busse fahren nur in der Hochsaison bis hinunter nach Kato Zakros, sonst endet die Fahrt im oberen Zakros.

Tour-Start:

Kretas ursprünglicher Osten fasziniert mit einer vielfältigen und urwüchsigen Landschaft. Diese recht abwechslungsreiche Tour vereint dabei Kultur- und Naturerlebnisse in kompakter Form. Dabei bleibt auch ein wenig Zeit für ein gemütliches Essen in einer typischen Taverne und einen erfrischenden Sprung ins Meer.

Die abschnittsweise neu ausgebaute, kurvenreiche Schnellstraße, die von **Agios Nikolaos** **1** › **S. 129** um den Golf von Mirabello herum nach **Sitia** **12** › **S. 137** führt, bietet die schönsten Panoramen Kretas. Weit unterhalb der Straße glitzert das blaue Meer, in der Ferne leuchten die weißen Häuser von Agios Nikolaos. Die der Küste vorgelagerten Inseln Mochlos und Psira waren einst minoische Siedlungsplätze, der kleine Küstenort **Mochlos** **11** › **S. 137** ist heute eine der besten Adressen, um Fisch zu essen.

Östlich von Sitia ändert sich das Bild. Die Vegetation wird karger, das Land kahler, eine dünn besiedelte Mondlandschaft mit sanft geschwungenen Hügeln. Wie Oasen in der Wüste wirken der Palmenstrand von **Vaï** **14** › **S. 139** und das Gebiet um den Palast von **Kato Zakros** **17** › **S. 140** am Ausgang des Tals der Toten. Bezaubernde Strände und kristallklares Wasser bietet **Xerokambos** **18** › **S. 141**, ein von hohen Bergen umgebenes Streudorf am Meer. Über Ziros und Lithines erreicht man die Südküste. Bei **Makrigialos** **22** › **S. 143** oder Ferma laden ebenfalls schöne Strände zu einem Badestopp ein. In **Ierapetra** **19** › **S. 141** lohnt ein Bummel durch die Altstadt und – falls man einen zusätzlichen Tag Zeit hat – der Ausflug zur Insel **Chrissi** **20** › **S. 142**. Die weißen Sandstrände und das klare, türkisblaue Wasser lassen karibische Gefühle aufkommen.

Unterwegs in der Region

Agios Nikolaos **1** [M4]

Die erst 1869 gegründete Hafenstadt (9500 Einw.) ist heute nicht von ungefähr einer der meistbesuchten Badeorte Kretas. Landschaft und Lage sind einmalig: eine Halbinsel, umflossen von blauem, klarem Wasser, ein malerischer ehemaliger Süßwassersee mit Durchstich zum Hafen, eine lange Strandpromenade mit Bademöglichkeiten an den Klippen, die vorgelagerte, schön geschwungene Insel Spinalonga und schließlich die Bucht von San Nicolo: Wo einst die Schiffe der Venezianer ankerten, liegen heute zwei Luxushotels, das »Minos Beach« und das »Minos Palace«. Agios Nikolaos ist zudem Hauptstadt des Regionalbezirks Lassithi. Von hier aus lassen sich Ostkretas Höhepunkte bequem erreichen. Auch im Winter lockt das milde Klima Besucher an.

Ursprünglich war der Ort ein Hafen für die nahe dorische Bergstadt Lato und hieß *Pros Kamares* (»Zu den Bögen«). Der Name Agios Nikolaos geht auf die Nikolauskirche zurück. Während der venezianischen Besatzung wurde die Festung Mirabello auf der Halbinsel errichtet. Ihre Reste sind jedoch heute von den Hotels überbaut. Die Seeseite von Agios Nikolaos schützte die Festung Spinalonga, nicht zu verwechseln mit der gleichnamigen Leprastation. Bei der Felseninsel Spinalonga (ital.: langer Dorn) handelt es sich um eine venezianische Festung, die zur Kette der Inselforts gehört, die die Nordküste Kretas verteidigen sollten (die anderen Forts sind Gramvousa und Souda im Westen). Spinalonga wurde im 16./17. Jh. gegen die Osmanen so ausgebaut, dass die Festung nie genommen wurde. Nachdem Kreta längst in der Hand der Türken war, harrte hier eine venezianische Wachmannschaft noch bis zum Jahr 1714 aus.

Stadtrundgang

Rund um den **Voulismeni-See** ⭐
🅐, einen Binnensee, und das Hafenbecken spielt sich das Nachtle-

Agios Nikolaos

0 _____ 200 m

🅐 Voulismeni-See
🅑 Halbinsel
🅒 Strände
🅓 Archäologisches Museum

ben der Stadt ab. Der einstige Süßwassersee wurde zwischen 1867 und 1871 durch einen Kanal mit dem Meer verbunden. Ein ähnliches geologisches Phänomen – Süßwassersee in Küstennähe, gespeist von einer unterirdischen Quelle – ist der See bei Kournas › **S. 67** in Westkreta.

Die **Halbinsel** 🅑 ist der Standort der Festung Mirabello, die im Jahr 1204 von den Venezianern erbaut wurde und die auf zahlreichen Stichen abgebildet ist. Die Bademöglichkeiten von Agios Nikolaos sind beschränkt: schmale **Strände** 🅒, zu wenig Sand für zu viele Touristen im Hochsommer. Eine Bademöglichkeit gibt es auch von den Klippen unterhalb der Uferpromenade in Richtung Elounda.

Das **Archäologische Museum** 🅓 stellt bedeutende Funde aus Ostkreta aus. Kurios in Saal V ist ein Totenschädel mit einer Münze zwischen den Zähnen: Es handelt sich um den Obolus für die Fahrt über den Fluss Styx ins Totenreich (Konstantinou Palaiologou 74, Di–So 8 bis 15 Uhr, odysseus.culture.gr).

Info

Tourist Information Office
• S. Koundourou 21a (Brücke zum See)
  Agios Nikolaos | Tel. 28 41 02 23 57
  www.agiosnikolaos.com

Verkehr

• **Busse:** Stündlich Verbindungen nach Iraklion, Kritsa, Sitia und Ierapetra.
• **Fähren:** Zwei- bis dreimal wöchentlich über Iraklion nach Milos/Piräus. Tagesfahrten nach Santorin (von Iraklion).

Hotels

Daios Cove €€€

Großzügiges Luxusresort, außerhalb an traumhafter Bucht mit Privatstrand.

- Vathi | Tel. 28 41 20 04 88
  www.daioscovecrete.com

Minos Beach Artotel €€€

Exklusive Bungalows auf einer Halbinsel.

- Tel. 28 41 02 23 45 | Agios Nikolaos
  www.minosbeach.com

Vasia Ormos €€

Am Stadtrand Richtung Elounda, schickes Hotel mit Bungalows und Pool.

- Tel. 28 41 07 10 01 | Agios Nikolaos

Restaurants

Pelagos €€€

❗ Stilvolles Fisch-Gourmetrestaurant in einer klassizistischen Villa.

- Odos Stratigou Koraka 10
  Agios Nikolaos | Tel. 28 41 02 57 37

Creta Embassy €€–€€€

❗ Wunderschönes Gartenrestaurant in einer Villa aus dem 19. Jh., spezialisiert auf Fisch und Meeresfrüchte.

- Ioannou Kondilaki 5 | Agios Nikolaos
  Tel. 28 41 08 31 53
  www. cretaembassy.com

Migomis €€

Romantisches Restaurant mit Blick auf den See, gelegentlich Pianomusik.

- Nikolos Plastira 24 | Agios Nikolaos
  Tel. 28 41 02 43 53
  www.migomis.com

Avli €

Kretische Küche, köstliche Mezedes.

- Pringipos Georgiou 12
  Agios Nikolaos

Shopping

Michalis Apostolakis

Wunderbare Objekte und Gebrauchsgegenstände aus Olivenholz.

- Odos 28 Oktovriou 22
  Agios Nikolaos

Nightlife

Alexandros

Dachgartenbar mit guter Aussicht.

- Odos Kondilaki 1 | Agios Nikolaos

Cindy's Harbour Bar

Die angesagte Bar befindet sich schräg gegenüber dem Pelagos.

- Stratigou Koraka 10 | Agios Nikolaos

Molo

Modernes Designercafé am See.

- 6 Losif Koundour | Agios Nikolaos

Ausflugstipp

Wer nur einen Ausflug in die Gegend plant, der kombiniert am besten einen Stadtbummel und ein Essen am Hafen mit einem Badestopp an einer der Buchten von **Istro** › S. 136.

Kritsa ② ⭐ [M4]

Busladungen von Touristen kommen im Sommer täglich in dieses Dorf 8 km landeinwärts von Agios Nikolaos, das sich mit seinen weißen Häusern unterhalb eines steilen Felshanges architektonisch geschlossen ausbreitet. Der Dorfplatz ist nach Melina Mercouri benannt, die hier in den 1950ern »Der Mann, der sterben muss« drehte. Traditionell stellen die Frauen Kritsas Häkel- und Webarbeiten her, die sie zum Verkauf anbieten. **50 Dinge** ㉝ › S. 16.

Ein Höhepunkt byzantinischer Kunst: die Kirche Panagia Kera bei Kritsa

Die dreischiffige byzantinische Kirche **Panagia Kera** unterhalb von Kritsa ist ganz mit Fresken (13./14. Jh.) ausgemalt, die vorzüglich erhalten sind. Damals herrschten die Venezianer über Kreta, und so finden sich manche Italizismen im Bilderschmuck, z. B. der katholische Heilige Franz von Assisi am nördlichen Mittelpfeiler des Hauptschiffs. An den Stilunterschieden in den Malereien kann man sehen, dass verschiedene Maler am Werk waren: Im Mittelschiff herrscht die traditionelle, lineare, hieratische Malweise, im Südschiff erscheinen die Figuren bewegter, plastischer und lebensnaher. Abgebildet sind im Mittelschiff v. a. der Passionszyklus, herausragend hier der Bethlehemitische Kindermord, im Südschiff das Leben der Anna und ihrer Tochter Maria, im Nordschiff das Jüngste Gericht (Di–So 8.30–15 Uhr).

Reizvoll ist die folgende Wanderung: Von Kritsa geht es hinauf mit dem Taxi, dann auf einem Maultierpfad auf der anderen Seite bergab bis Chamilo (2,5–3 Std.). Von dort fährt ein Bus nach Agios Nikolaos. Zeiten am Busbahnhof in Agios Nikolaos erfragen.

Buch-Tipp:

Melina Mercouri beschreibt in ihrem Buch **»Ich bin als Griechin geboren«** amüsant die Dreharbeiten zum Film »Der Mann, der sterben muss«, zu dem Kazantzakis' »Griechische Passion« die Romanvorlage lieferte (zurzeit nur antiquarisch erhältlich).

Lato **3** [M4]

Zunächst beeindruckt die Lage auf einem Bergsattel inmitten wilder Landschaft, die Agora zwischen zwei Akropolen. Unter einer Stein-

eiche sitzt es sich gut auf einer antiken Steinbank *(Exedra)*. Gegenüber
führt eine Schautreppe zu den Ver-
waltungsgebäuden, rechts und links
davon je ein Wachturm. Das Ge-
schäfts- und Ladenviertel befand
sich links unterhalb der Agora. In
den Erdgeschossen der Häuser sieht
man Mörser, Handmühlen und Zisternen (Di–So 8.30–15 Uhr).

Elounda 4 [N4]

Der Badeort mit den meisten Luxushotels Kretas liegt malerisch an einer Bucht, die von der Insel Spinalonga zum Meer abgegrenzt wird.
Neben den 5-Sterne-Palästen gibt es
auch günstige Unterkünfte, und am
Hafen sitzt man sehr angenehm.

Hotels

The Peninsula at Porto Elounda €€€
❗ Wunderschöne Suiten mit privaten
Pools, Six Senses Spa, mehrere Restaurants, breites Sportangebot, ein dem Hotel angeschlossener Golfplatz liegt ungefähr 30 Min. entfernt.
• Elounda | Tel. 28 41 06 80 00
www.eloundapeninsula.com

Kalypso €
Preiswert und passabel, mit Taverne.
• Platia | Elounda
Tel. 28 41 04 13 67
www.kalypsohotel.gr

Restaurants

Gute Fischrestaurants findet man rund
um den Hafen. Auf einer schwimmenden
Plattform an der Meerespromenade serviert das **Kalidon** (€€) gemischte
Fleisch- und Fischplatten.

Spinalonga 5 [N4]

Hauptausflugsziel bei Elounda ist
die ehemalige Leprainsel Spinalonga. Der Rundgang der Touristen, die
Spinalonga täglich per Boot ab
Elounda oder Agios Nikolaos besuchen, führt vorbei an verfallenen
Windmühlen und verlassenen Häusern. Die griechische Regierung
richtete Anfang des 20. Jhs. auf
Spinalonga ein Lepragetto ein. Bis
1957 lebten die Kranken in einer
dorfähnlichen Gemeinschaft. Für
die Angehörigen, die ihre Kranken
besuchten, gab es einen Desinfek-
tionsraum. Die Verstorbenen von
Spinalonga wurden auf einem Fried-
hof in Betonsarkophagen bestattet.
Sehenswert ist auf dem Rundgang
der Mosaikboden einer ehemaligen
Basilika. An der südlichen Felsküste
sind etwa 1 m unter der Wasser-
oberfläche die Überreste von Hausmauern und eines antiken Hafens,
wahrscheinlich der einstigen Polis
Olous, zu erkennen. Die Klippen laden zum Baden und Sonnen ein.
Die Atmosphäre auf der Insel ist
ruhig und fast ein wenig bizarr. Sie
inspirierte die britische Schriftstel-
lerin Victoria Hislop zu dem Roman
»Insel der Vergessenen«, in dem die
Geschichte der Leprakolonie ge-
schildert wird (Diana Verlag, 2007).

**Achtung: Es gibt ZWEI INSELN, die
Spinalonga heißen: die kleine Fes-
tungsinsel bei Agios Nikolaos und
die Elounda vorgelagerte ehemalige
Insel, die jetzt durch einen Damm
mit dem Festland verbunden ist.
Letztere ist die Leprainsel.**

Verkehr

Ausflugsboote: Im Hochsommer täglich ab Agios Nikolaos, Plaka und Elounda. Manchmal wird das Programm etwas erweitert, z.B. durch Schwimmen über den Ruinen von Olous › **S. 133.**

Sissi **6** [M4]

In dem kleinen Fischerort ganz im Westen der Präfektur Lassithi, rund 10 km östlich von Malia › **S. 115,** geht es wesentlich ruhiger zu als in dem trubeligen Nachbarort. Und das, obwohl sich in Ortsnähe das bekannte und nicht gerade kleine Resort Kalimera Kriti befindet. Auf drei dorfähnliche Komplexe verteilen sich die Zimmer und Apartments. Doch rund um die fjordähnliche, pittoreske Bucht von Sissi ist davon nicht so viel zu spüren. Es dominieren überschaubare Hotel- und Apartmentanlagen. In der von Felsen gerahmten Taverne am kleinen Hafen sitzt es sich sehr angenehm. Von den Restaurants und Bars oben auf der Kante der Steil-

SEITENBLICK

Chrissolakkos

Von Sissi kann man entlang der Küste bis zu den Ruinen der »Goldgrube« **Chrissolakkos**, des antiken Friedhofs von Malia, wandern. Dort wurden die berühmten goldenen »Bienen von Malia«, eine Grabbeigabe, gefunden. Sie zeigt zwei Bienen, die Honig in eine Wabe bringen. Kopien davon kann man bei Juwelieren kaufen. Das nahe Sumpfgebiet ist Brutplatz vieler Vögel.

wand genießt man zur mediterranen Stimmung den herrlichen Blick. Grün und sehenswert ist die nähere Umgebung mit dem traditionellen Dorf **Epanos Sissi.**

Hotel

Sissi Bay €€€

Elegantes Hotel in Strandnähe. Zimmer mit Klimaanlage, familienfreundlich mit Pool, Spielplatz, Spa und Volleyballplatz.
• Tel. 28 41 07 12 98 | Sissi
www.sissibay.gr

Restaurant

Apostolous (Paradise Cove) €
Die beste Fischtaverne am Ort und die einzige direkt am Meer.

Lassithi-Hochebene ⭐ **10**

Die Hochebene von Lassithi ist bekannt für ihre weiß bespannten Windräder, die im Hochsommer Grundwasser zur Bewässerung auf die Felder pumpen. Angebaut werden vorwiegend Kartoffeln, Gemüse und Kernobst. Leider müssen immer mehr Windräder der Motorpumpe weichen. Von hier aus lassen sich Wanderungen in die Bergwelt des Dikti-Massivs unternehmen, wo sich ein Abstieg in die Geburtshöhle des Zeus lohnt. Und wer im Sommer die Hitze der Ebenen nicht mehr erträgt, wird sich in der klaren Bergluft wohler fühlen. Zur Hochebene gibt es je eine Zufahrt von Iraklion und eine von Agios Nikolaos aus. Beide winden sich über zahlreiche Kurven hinauf. Ab Irak-

Die Windräder in der Lassithi-Hochebene dienen der Feldbewässerung

lion kann man den Linienbus nehmen, der morgens hin- und nachmittags zurückfährt. Der Linienbus ab Agios Nikolaos kehrt gleich nach seiner Ankunft auf der Ebene wieder zurück, sodass man ein Fahrzeug braucht, wenn man länger bleiben will. Oder man übernachtet in einem der Dörfer. **50 Dinge** ㉜ › **S. 15.**

Agios Georgios ⑦ [L4]

Das ruhige Dorf besitzt zwei Anziehungspunkte: ein Volkskundemuseum, das in einem festungsartigen Dorfhaus aus dem 19. Jh. untergebracht ist und wegen der damals drohenden Überfälle durch die Türken keine Fenster besitzt, sowie das Venizelos-Museum: Das Leben des aus Kreta stammenden ehemaligen griechischen Ministerpräsidenten Eleftherios Venizelos (1864–1936) wird hier anschaulich dokumentiert (beide Museen bis Mitte Okt. tgl. 10–16 Uhr).

Zeushöhle bei Psichro

Die Höhle, auch Diktäische Grotte *(Diktaeo Andro)* ⑧ [L4] genannt, ist eine minoische Kulthöhle, in der die Griechen später den Göttervater Zeus, der hier geboren sein soll, verehrten. Bei Grabungen wurden zahlreiche Votivgaben gefunden, die heute im Archäologischen Museum von Iraklion zu sehen sind: u. a. Miniatur-Doppeläxte, Messer, Schmuck und Statuetten. Man fährt mit dem Auto bis zu einem gebührenpflichtigen Parkplatz. Von dort führt ein Weg ca. 20 Min. bergauf bis zum Höhleneingang. Man kann sich auch von einem Maultier hinauftragen lassen. In der Höhle, die nicht besonders spektakulär ist, führt eine moderne, gut beleuchtete Treppe an Stalagmiten und Stalaktiten vorbei zum Höhlenboden hinunter. Interessanter gestaltet sich die Besichtigung mit einem Führer, der spannende Geschichten erzählt (in

Der Strand von Istro

der Hochsaison tgl. 8–19 Uhr, in der Nebensaison kürzer).

Hotels und Restaurants

Dionysos €
Sechs einfache Doppelzimmer, Taverne, dörfliche Atmosphäre.
• Magoulas (1 km östlich von Psichro)
  Tel. 28 44 03 16 72

Kourites €
Nette Pension im grünen Hauptort der Ebene. Am Ortseingang. Ganzjährig geöffnet, ordentliches Restaurant.
• Tzermiado
  Tel. 28 44 02 20 54

Rea €
Sehr persönlich geführtes kleines Hotel mit einfachen Zimmern und angeschlossenem Restaurant.
• Agios Georgios
  Tel. 28 44 03 12 09

Istro 9 [N5]

Istro ist ein Ferienort einige Kilometer östlich von Agios Nikolaos. Neben Ferienwohnungen und Hotels gibt es zahlreiche Tavernen und schöne Sandstrände wie den Voulisma Beach. Er fällt ganz flach ins Meer ab und ist daher ❗ gut für Familien mit Kindern geeignet.

Hotel

Istron Bay Hotel €€€
❗ Luxushotel mit eigenem Strand und tollem Blick auf den Mirabello-Golf.
• Tel. 28 41 06 13 03 | Istro
  www.istronbay.gr

Gournia 10 ⭐ [N5]

Das ❗ »minoische Pompeji« liegt auf einem Hügel in Meeresnähe, dort, wo an der Wespentaille Kretas einst der minoische Landweg in das 14 km entfernte Ierapetra an der Südküste führte. Es ist eines der frühesten Beispiele für europäischen Städtebau. Bei Grabungen freigelegt wurde eine Stadt der kleinen Leute aus der Jüngeren Palastzeit mit Wohnhäusern, Werkstätten und Läden. Das Zentrum bildete ein Versammlungsplatz oben auf dem Hügel, daneben lagen ein Palast und ein Heiligtum. Die ineinandergeschachtelten Häuser waren zwei- bis dreistöckig. Im Erdgeschoss wurden das Vieh und die Vorräte untergebracht, oben befanden sich die Wohnräume. Hohlräume im Mauerwerk lassen erkennen, dass Fachwerk verwendet wurde. Gournia wurde zeitgleich mit Knossos zu Beginn des 20. Jhs. ausgegraben (Di–So 9–15 Uhr).

Mochlos **11** [N4]

Der kleine, gemütliche Ort an der ❗ malerischen Fischerbucht mit kleiner vorgelagerter Insel und den Ausgrabungen einer Siedlung aus minoischer Zeit ist zwar längst kein Geheimtipp mehr, doch noch immer fühlen sich hier Individualreisende wohl. Richtig voll wird es in den Tavernen direkt am Wasser allenfalls am Sonntagmittag. Dann belegen griechische Großfamilien und Trupps von jungen Leuten die Tische und tafeln genüsslich bis in die Nachmittagsstunden. Kein Wunder, ist Mochlos doch einer der wenigen Orte auf Kreta, an denen man noch recht gut und nicht zu teuer frischen Fisch essen kann.

Hotel
Mochlos Mare €
Recht große, ordentliche Apartments.
• 100 m östlich des Ortes | Mochlos
Tel. 28 43 09 40 05
www.mochlos-mare.com

Restaurant
Ta Kochylia €–€€
Für ihre hervorragenden Fischgerichte bekannte Taverne am Meer (vorletzte an der Bucht). Spezialität: Seeigelsalat.

Sitia **12** [O4]

In der weißen Kleinstadt am Meer (9000 Einw.) geht es gemächlich zu. Sitia hat keine spektakulären Sehenswürdigkeiten und keine guten Strände zu bieten. Zentrum der Stadt ist die Platia am Hafen mit ihren Cafés und Tavernen, wo sich das lebendige Treiben von Einheimischen und Touristen abspielt. Kürzlich wurde eine breite Uferpromenade angelegt. Oberhalb des Ortes steht weithin sichtbar die venezianische Festung **Kasarma** *(casa di arma)*.

Zwei Museen können besichtigt werden, sind aber nicht unbedingt ein Muss: ein aus einem Saal bestehendes **Archäologisches Provinzmuseum** an der Ausfallstraße nach Piskokefalo mit Funden aus der Umgebung, aus denen der sog. Kouros von Palekastro und Tafeln mit Linear-A-Schrift herausragen (Di–So 8.30–15 Uhr) und ein **Volkskundemuseum** in der Odos Kapetan Sifi 28 mit landwirtschaftlichen Geräten, Hausrat und regionalen Webarbeiten (Mo–Fr 10–13 Uhr).

In Sitia geht es aufgrund der Hanglage treppauf und treppab

Der kleine Flughafen wurde für Chartermaschinen ausgebaut, um den Tourismus anzukurbeln, bisher mit eher geringem Erfolg. Es entstanden östlich der Stadt einige Ferienanlagen, die teils schon wieder geschlossen sind. Ganz im Osten ist auf einer Halbinsel bei Itanos ein Mammutprojekt mit Resorts, Golfplätzen und einem eigenen Jachthafen geplant.

Die Umgebung von Sitia ist berühmt für ihr exzellentes Olivenöl und neuerdings zunehmend für die qualitativ immer besser werdenden Weine. Einzelne Produzenten beginnen für Besucher auch Verkostungen anzubieten (in und um Sitia auf Hinweisschilder achten).

Info

Infobüro

- Platia Iroon Politechniou | Sitia
  Tel. 28 43 02 83 00

Hotels

Itanos €€

Renoviertes Traditionshotel an der Hafenpromenade nahe dem Stadtstrand. Mit Dachgarten und Cocktail-Bar.
- Tel. 28 43 02 29 00 | Sitia
  www.itanoshotel.com

Archontiko €

Charmantes neoklassizistisches Haus mit privater Atmosphäre. Etagendusche, ausgesprochen freundlicher deutschsprachiger Service.
- Odos Kondilaki 16 | Sitia
  Tel. 28 43 02 81 72

Villas Delight €

Kleine, luxuriöse Villen mit Pool.
- K. Karamanli 4 | Sitia
  Tel. 28 43 02 29 00
  www.villasdelight.com

Restaurants

Eine umfangreiche Speisekarte hat **Zorbas** (€–€€) am Hafen (Platia Zotou). Hier wird der lokale Wein Agrilos ausgeschenkt (weiß, rosé und rot). Oder man kehrt im **Sitia Beach** (€–€€) am Strand ein. Beide servieren beste Fischgerichte.

Shopping

Dienstagvormittags findet nahe dem Archäologischen Museum ein **Bauernmarkt** statt, auf dem man Obst, Gemüse, Käse und Honig kaufen kann.

Für seine Qualität bereits mehrfach prämiertes Olivenöl kann man bei der **Kooperative** von Sitia am westlichen Ortsausgang erstehen. Außerdem im Angebot: Wein und Raki.
- Im Sommer Mo–Fr 9–15 Uhr.
  www.cooperativasitia.gr

Trockengebäck, traditionelle Kuchen und allerhand süße Naschereien kann man in diversen **Zacharoplastia** (Konditoreien) am Hafen probieren.

Toplou 13 ⭐ [P4]

Der Name der Klosterburg in der Mondlandschaft des wilden Ostens Kretas leitet sich vom türkischen Wort *top* (Kanone) her. In der Klosterkirche befindet sich eine sehenswerte Ikone mit miniaturhaften Darstellungen, die an die naive Bauernmalerei Brueghels erinnern. Ein Laden auf dem Klostervorplatz verkauft Reproduktionen von Ikonen ud Kerzen zum Anzünden im Kloster. Moni Toplou ist auch für die Herstellung von Olivenöl bekannt. Oberhalb des Klosters wurde der erste Windenergiepark Kretas errichtet.

Palmenstrand Vaï 14 ⭐ [P4]

Der schöne Sandstrand ist leider kein Geheimtipp und im Sommer ziemlich voll, wenn Ausflugsbusse aus ganz Kreta Europas einzigen zusammenhängenden Palmenhain ansteuern. Unterkunftsmöglichkeiten gibt es nicht, das Campen ist inzwischen glücklicherweise verboten. Denn Vaï ist geschützt: Eine einzigartige Palmenart, *Phoenix theophrasti,* bildet hier einen Hain. Ein Großteil des Geländes ist eingezäunt und wird nachts geschlossen. Wenn es jedoch nicht zu voll ist, kann an dem ❗ Traumstrand bis

in den Spätherbst wunderbar geschwommen und relaxt werden. Es gibt einige Restaurants und Souvenirläden. Nördlich von Vaï gibt es noch weitere ebenso schöne und weniger besuchte Strände, allerdings ohne Infrastruktur. **50 Dinge** ㉓ › **S. 14**.

Palekastro 15 [P4]

Palekastro ist ein gemütlicher Ort einige Kilometer vom Meer entfernt. Er ist landwirtschaftlich geprägt, wird aber auch gerne von Individualtouristen besucht. Auf Badevergnügen muss nicht verzichtet werden, nur 20 Gehminuten entfernt liegt der flach abfallende, sandige Dorfstrand Chiona mit einigen Tavernen und der kleinen Ausgrabung Roussolakkos. Rund 3 km nördlich erstreckt sich die weitläufige Bucht **Kouremenos** mit einem breiten Sandstrand, Tavernen und einigen Apartments. **50 Dinge** ⑤ › **S. 12**. In Palekastro spielt sich das Leben hauptsächlich rund um den Dorfplatz ab. In der Nähe ist allerdings ein großes Ferienresort geplant.

Info

• www.palekastro.de,
  www.palaicastro.com

Zakros 16 [P5]

Die Straße von Palekastro nach Zakros führt durch eines der ärmsten, weil trockensten Gebiete Kretas. Viele Dörfer sind verfallen, ihre Bewohner weggezogen. Vorwiegend Alte und Kinder sind zurückgeblie-

Ruinen des minoischen Palastes Kato Zakros

Punkten markiert und führt auf dem Schluchtgrund am Bach entlang bis zu den Bananenplantagen des Schwemmlandes an der Bucht von Kato Zakros (dann links abbiegen zum Palast). Ein Bad im nahen Meer belohnt für die Mühen.

Kato Zakros 17 ⭐ [P5]

! Der vierte der großen minoischen Paläste Kretas (es gibt noch andere, die aber noch nicht vollständig freigelegt sind) lag direkt am Meer. Heute verläuft die Küstenlinie 80 m weiter östlich, bedingt durch das Schwemmland des Flusses, der durch das »Tal der Toten« fließt. Die Lage im Osten Kretas war handelspolitisch günstig. Auf dem Seeweg waren Ägypten und der Vordere Orient so am schnellsten erreichbar. Gefunden wurden Elfenbeinzähne und andere Exotika, offenbar Importe aus Übersee.

1901 begann der Engländer D. G. Hogarth hier zu graben. Systematisch ging ab 1962 Nikolaos Platon vor. Bis heute sind rund 100 Räume freigelegt. Die vielen kostbaren Funde – der Palast wurde nie geplündert – sind im Archäologischen Museum in Iraklion ausgestellt.

Der Bau zeigt die typischen Merkmale der Palastarchitektur: Innenhof, Magazine, Pfeilerkrypten und Polythyra. Anders als in Knossos wurde hier auch die Wohnstadt freigelegt. In einem der vielen Wasserbecken auf dem Palastareal hat man über 3000 Jahre alte Oliven gefunden. Eine Seltenheit ist der Bronzeschmelzofen am Eingang. Durch Kanäle steuerte man die

ben. In jüngster Zeit wird allerdings in den Bergen der Olivenanbau wieder intensiviert und könnte künftig für etwas mehr Wohlstand sorgen. Eine Ausnahme ist das Dorf Pano (»das obere«) Zakros, das es dank des touristischen Durchgangsverkehrs und einer Quelle zu einem gewissen Wohlstand gebracht hat.

Tal der Toten

Ein Quellwasserlauf hat im Lauf der Jahrtausende das Tal der Toten gebildet – es wird so genannt, weil die Minoer in den Felshöhlen ihre Toten bestatteten. Der Canyon führt hinunter zum Meer zu den Ausgrabungen von Kato Zakros. Lohnend ist eine Wanderung (ca. 2 Std.) in diesem gewaltigen Canyon ohne Frage. Der Einstieg befindet sich 3 km hinter dem Ortsende von Pano Zakros. Der Weg ist mit roten

Luftzufuhr zum Bronzeschmelzen. Holzkohle und Erz wurden dazu schichtweise im Ofen gestapelt. Das flüssige Metall konnte durch eine Tülle abfließen (Di–So 8–19, Mitte Okt.–März 8.30–15 Uhr).

Xerokambos [P5]

Den Geheimtipp im äußersten Südosten erreicht man entweder über eine Schotterpiste, die sich von Pano Zakros nach Süden durch die Berge schlängelt, oder über eine neue, serpentinenreiche Asphaltstraße, die von der Straße von Makrigialos nach Sitia abzweigt und über Handros und Ziros in das von steilen, schroffen Bergen eingeschlossene Xerokambos führt. Die Siedlung mit ihren verstreut liegenden Häusern erstreckt sich einige Kilometer die Küste entlang und bezieht ihren Reiz aus der Abgeschiedenheit, der kargen Landschaft und etlichen kaum besuchten Sandbuchten. Im Ort findet man einfache Tavernen sowie Privatzimmer und Apartments (z. B. **Villa Petrina**, €, Tel. 28 43 02 67 02, Xerokambos).

Restaurants

Frischen Fisch isst man mit Blick aufs Meer in der Taverne **Kostas** (€) am Hang oberhalb der Hauptstraße von Xerokambos. Eine empfehlenswerte Taverne in Strandnähe ist **Akrogiali** (€).

Ierapetra 19 [N5]

Die viertgrößte Stadt Kretas (18 000 Einw.) ist die südlichste Europas. Hübsch sind die kleine Altstadt mit einer Moschee und der städtische Sandstrand, an dem Fischer unter Tamarisken ihre Netze flicken und in dessen Tavernen man sich entspannen kann. Kunst- und Geschichtsinteressierte finden ein kleines Archäologisches Museum und eine venezianische Festung vom Beginn des 13. Jhs.

Gute Bademöglichkeiten bietet der kilometerlange Sandstrand am östlichen Ortsende. Nicht immer malerisch sind die zahlreichen Gewächshäuser – ein Zeichen dafür, dass die Region noch immer mehr von der Landwirtschaft als vom Tourismus lebt.

Hotels

Coriva Beach €€

Etwa 9 km östlich von Ierapetra gelegene Anlage mit traditioneller Taverne am schönen Strand. Freundlich, angenehme Atmosphäre, deutschsprachiger Service.

• Koutsounari | Tel. 28 42 06 12 63
  corivabeach.com

Nicolas Apartments €€

Hübsche Studio- und Apartmentanlage mit Pool auf einem Hügel am Meer, 3 km östlich der Stadt. Nette Taverne mit Meerblick und kretischer Küche.

• Peristeras | Tel. 28 42 02 46 86
  www.nicolas-apartments-crete.gr

Cretan Villa €

Das von seinem jungen Besitzer schön restaurierte Haus aus dem 18. Jh. im kretischen Stil liegt zentral in der Stadt.

• Lakerda 16 | Ierapetra
  Tel. 28 42 02 85 22
  www.cretan-villa.com

Restaurants

Odeon €€

Bei jüngeren Griechen sehr beliebtes Mezedopolio mit lauschigem Innenhof.

• Lastheneon 17 | Ierapetra
  Tel. 28 42 02 74 29

Levante €–€€

Nette Fischtaverne mit guter Küche und direkt am Strand.

• Stratigou Samouil 38 | Ierapetra
  Tel. 28 42 08 05 85
  www.levante-taverna.gr

Portego €–€€

Sehr beliebtes Restaurant mit kretischen Gerichten, Bar und Klub in wunderschön restauriertem Stadthaus am Altstadtrand.

• Foniadaki 8 | Ierapetra
  Tel. 28 42 02 77 33

! Erst-klassig

Gratis entdecken

• **CretAquarium** Der Eintritt in das Aquarium ist für Kinder bis vier Jahre und für Menschen mit Handicap frei. › S. 106
• **Frangokastello** Die einsame Festung an Kretas Südküste kann man besichtigen, ohne Eintritt zu bezahlen. › S. 69
• **Knossos** Kretas Hauptattraktion ist an folgenden Tagen kostenlos zu besichtigen: 6. März, 18. April, 18. Mai, 5. Juni, am letzten Septemberwochenende, während der griech. Schulferien. › S. 109
• **Festung in Rethimnon** Von der Festung genießt man eine gute Aussicht, Eintritt frei. › S. 85

Psaropoula €

Sehr angenehme Fischtaverne direkt an einem schönen Strand.

• Koutsounari (hinter Club Sunshine) Ierapetra

Ausflüge ab Ierapetra

Insel Chrissi 20 [M6]

Eine der Hauptattraktionen von Ierapetra ist die 6 × 1,5 km große Insel Chrissi, Europas südlichster Naturpark. Die Insel ist zu einem Drittel mit Wacholderzedern bewachsen, dem einzigen Wald dieser Art in Europa. Die Bäume haben ein durchschnittliches Alter von 200 Jahren. Am schönsten Strand, dem sandigen Golden Beach an der Nordküste, werden Sonnenschirme und Liegen vermietet, es gibt auch eine Taverne. Schiffsverbindung zur Insel (Mitte Mai–Mitte Okt.): In der Regel legen die Schiffe am Hafen von Ierapetra um 10.30 Uhr ab (Hochsaison auch 12.30 Uhr) und fahren um 16.30 Uhr zurück. Die Überfahrt dauert 45 Min.

Thripti-Gebirge

Ein anderer kleiner Ausflug führt über eine schlecht ausgebaute, aber fahrbare Straße bei Kato Chorio hoch in die Berge, in das hübsche, über 1000 m hoch gelegene Dorf **Thripti** 21 [N5] (zwei Tavernen) mit schönen Möglichkeiten zum Spazierengehen. Unterwegs kann man von zwei, drei Stellen an der Straße aus sowohl das Meer im Norden als auch im Süden sehen.

Makrigialos 22 [O5]

25 km östlich von Ierapetra erstreckt sich der Strand von Makrigialos. Inzwischen säumen Hotels und Restaurants den kilometerlangen Strand, der lebendige Ferienort wird auch bei Pauschalurlaubern immer beliebter.

Ausflug nach Koufonissi 23 [P6]

Im Sommer fahren am Vormittag Boote von Makrigialos aus zur etwa 45 Minuten entfernt gelegenen, fast baumlosen Insel Koufonissi. Dort finden sich einige exzellente Badebuchten und man kann die Überreste einer antiken Siedlung erkunden.

Mirtos 24 [M5]

Mirtos ist ein sympathischer Ort mit weiß gekalkten Häusern inmitten von Orangenhainen. Schön sind der Sandstrand und die Promenade, an der einige gute Tavernen zu einer Pause verführen. Im Ort lohnt ein Blick in das **George Dimitrinakis Museum,** ein kleines Dorfmuseum mit Exponaten aus der minoischen Zeit, aber auch aus der deutschen Besatzungszeit (unterhalb der Kirche, Mo und Fr 9–14, Mi 17–20 Uhr).

Hotels

Big Blue €–€€
Schöne Studios und Zimmer am westlichen Dorfrand.
• Mirtos | Tel. 28 42 05 10 94
www.big-blue.gr

Kastro €
Apartments in zentraler Lage, mit Pool und Snackbar, teils kleine Zimmer, aber mit Klimaanlage und günstig.
• Mirtos | Tel. 28 42 05 14 44
www.kastromyrtos.gr

Ausflüge ab Mirtos

Fournou Korifi 25 [M5]

2 km von Mirtos liegt auf dem Hügel Fournou Korifi, eine interessante Ausgrabungsstätte: eine Kleinstadt aus der Vorpalastzeit, in der eine Sippe von vielleicht 200 Leuten in ca. 90 verschachtelten Räumen lebte. Ein »Herrenhaus« hat man nicht gefunden, die Bevölkerung lebte in der Zeit vor der Staatsentstehung offenbar noch in hierarchielosen Verhältnissen.

Sarakina-Schlucht 26 [M5]

Wanderlustige können beim Bergdörfchen **Mithi** in die landschaftlich reizvolle Sarakina-Schlucht wandern, die an die berühmte Samaria-Schlucht › **S. 70** erinnert, aber längst nicht so überlaufen ist. Die Anfahrt erfolgt über Males (Tour für geübte Wanderer, ca. 3 Std.).

Achtung: Unbedingt SCHUHE ZUM WECHSELN mitnehmen, in der Schlucht wird es nass!

Arvi 27 [L5]

Der verschlafene, direkt auf die niedrigen Klippen gebaute Küstenort bietet einen Kiesstrand und zwei Tavernen, die Ruinen eines verlassenen Klosters, eine Schlucht und zahllose Bananenplantagen.

EXTRA-
TOUREN

Antike und Strände in einer Woche

Route: Iraklion › Knossos › Gortis › Phaistos (Festos) › Matala › Agia Galini › Preveli › Plakias › Chora Sfakion › Agia Roumeli › Rethimnon › Iraklion

Karte: Klappe hinten

Distanzen: Iraklion › Knossos 5 km; **Iraklion › Phaistos** (Festos) 63 km; **Phaistos › Matala** 8 km; **Matala › Agia Galini** 20 km; **Agia Galini › Preveli** 24 km; **Preveli › Plakias** 14 km; **Plakias › Chora Sfakion** 30 km; **Chora Sfakion › Agia Roumeli** 1 Std. per Schiff; **Chora Sfakion › Rethimnon** 65 km; **Rethimnon › Iraklion** 60 km.

Verkehrsmittel: Die Tour sollte mit dem Pkw durchgeführt werden. Mietwagen sind auf Kreta in jedem Ort günstig zu haben › S. 25. Dauer: eine gute Woche. Wer wenig Zeit hat, kann mit drei Tagen auskommen.

Die Tour bietet eine interessante Mischung aus Kultur, Natur und Stranderlebnissen. Der erste Tag in **Iraklion** › S. 98 ist in jedem Fall der Kultur vorbehalten, nämlich dem Besuch des Archäologischen Museums und der Ausgrabungen von **Knossos** › S. 109, für die man jeweils einen halben Tag einplanen sollte. Da die Geschäfte und Restaurants in Iraklion lange geöffnet sind, bleibt am Abend noch Zeit fürs Shopping und einen Tavernenbesuch. Am nächsten Tag geht es nach Süden, wo mit **Gortis** › S. 121 und **Phaistos** (Festos) › S. 119 zwei weitere antike Stätten auf dem Programm stehen. Übernachtet werden kann an der Südküste entweder im bekannten **Matala** › S. 122 oder, etwas ruhiger, in einer der benachbarten Buchten. Über das lebhafte Hafenstädtchen **Agia Galini** › S. 91 geht es anderntags nach Westen, an **Preveli** › S. 92 vorbei – Eilige machen jetzt schon einen Abstecher dorthin – nach **Plakias** › S. 93. Hier lohnen zwei Übernachtungen, nicht zuletzt wegen des schönen Strandes. Und weil man sich von hier aus am nächsten Tag per Badeboot zum Strand von Preveli bringen lassen kann. Oder man fährt wieder mit dem Auto, was den Besuch des Klosters Preveli erleichtert. Von Plakias aus geht es weiter über **Frangokastello** › S. 69 und sein am Strand gelegenes Kastell nach **Chora Sfakion** › S. 68. Dorthin, wo Kreta einst am wildesten, der Widerstand gegen die Besatzer am erbittertsten war. Zumindest die Landschaft ist nach wie vor wildromantisch. Von dem Ort lässt sich, wenn man von zwei Übernachtungen ausgeht, mit dem Schiff ein Ausflug nach **Agia Roumeli** › S. 71 und zur **Samaria-Schlucht** › S. 70 einplanen. Oder man unternimmt eine Bergtour, z. B. durch die **Imbros-Schlucht** › S. 68. Von Chora Sfakion geht es wieder an die Nordküste und über **Rethimnon** › S. 84, das mit seiner Altstadt eine Übernachtung wert ist, zurück nach Iraklion.

Auch hoch zu Ross kann man die Samaria-Schlucht entdecken

Per Schiff entlang der Südküste

Route: Chora Sfakion › Loutro › Agia Roumeli › **Wanderung durch die Samaria-Schlucht** › Sougia › Paläochora › Gavdos

Karte: Klappe hinten

Distanzen: **Chora Sfakion** › **Loutro** ½ Std. per Schiff; **Loutro** › **Agia Roumeli** ½ Std. per Schiff; **Wanderung von Agia Roumeli in die Samaria-Schlucht** 3 Std. zu Fuß; **Agia Roumeli** › **Sougia** 1 Std. per Schiff; **Sougia** › **Paläochora** ½ Std. per Schiff; **Paläochora** › **Gavdos** 4 Std.

Verkehrsmittel: Die Tour wird mit Fähren durchgeführt, die in der Hochsaison regelmäßig zwischen Chora Sfakion und Paläochora verkehren. Zum Start- und Endhafen fahren Linienbusse. Gesamtdauer 4–5 Tage, mit Gavdos 6–7 Tage. Eigentlich sollte man in jedem der angelaufenen Küstenorte mindestens eine Nacht bleiben. Teilweise ist jedoch auch die Weiterfahrt mit der nächsten Fähre möglich.

Die Tour mit der Fähre entlang der Südküste zu herrlichen Stränden, malerischen kleinen Hafenstädtchen und wildromantischen Schluchten verspricht Kreta-Atmosphäre pur. Die Landschaft, die man unterwegs durchquert, ist womöglich die beeindruckendste der ganzen Insel. Und obwohl auch hier der Tourismus Einzug gehalten hat, insbesondere an der Samaria-Schlucht, verlebt der Besucher doch eher beschauliche Tage.

Die erste Touretappe wird mit der Fähre zurückgelegt: Von **Chora Sfakion** › S. 68 geht es nach **Loutro** › S. 70, das mit seinen weißen, an der Bergwand klebenden Häusern zu den malerischsten Flecken Kretas zählt. Der Ort ist nur vom Meer aus oder durch einen anstrengendem Fußmarsch zu erreichen. Wer viel Zeit hat, sollte ein paar Tage bleiben. Weiter geht es Richtung

Delfin-Fresko in Knossos

Westen nach **Agia Roumeli** › S. 71. Von hier aus kann die **Samaria-Schlucht** › S. 70 erkundet werden. Sobald die Tagestouristen den Ort verlassen haben, ist auch dies ein angenehmer Aufenthaltsort. Am nächsten Fähranleger wartet mit **Sougia** › S. 74 eine der schönsten Buchten der Südküste. Durch die abgeschiedene Lage des Ortes hat sich an dem kilometerlangen Strand bislang nur ein maßvoller Individualtourismus mit einigen Tavernen und Pensionen etabliert. Endpunkt der Küstenlinie ist **Paläochora** › S. 75.

Einst war »Pale« eine Hochburg des Rucksacktourismus. Heute wird die Hauptstraße mit ihren Cafés und Restaurants abends zur Partymeile, doch ist dies immer noch ein sehr stimmungsvoller Ort mit guten Bademöglichkeiten und vielfältigen Unterkünften. Eine Schiffspassage lässt sich noch anhängen: Von Paläochora fährt eine Fähre zur **Insel Gávdos** › S. 76, an deren Südspitze sich der südlichste Punkt Europas befindet.

 # Höhepunkte Kretas in zwei Wochen

Route: Iraklion › Knossos › Phaistos (Festos) › Matala › Preveli › Plakias › Chora Sfakion › Loutro › Samaria-Schlucht › Paläochora › Chora Sfakion › Almirida › Chania › Elafonisi › Rethimnon › Iraklion

Karte: Klappe hinten

Distanzen: Iraklion › Festos 67 km; **Festos › Chora Sfakion** 96 km; **Chora Sfakion › Chania** 76 km; **Chania › Elafonisi** 106 km; **Elafonisi › Georgioupolis** 108 km; **Georgioupolis › Iraklion** 94 km

Verkehrsmittel: Eine Pkw- und Schiffstour. Für die Schifffahrt stellt man das Auto in Chora Skafion ab, am besten bei einer Pension. Die Tour ist auch mit Bus und Schiff zu bewerkstelligen, mit einer kleineren Änderung im Tourverlauf: Von Paläochora geht es direkt nach Chania, von dort weiter über Georgioupolis und Rethimnon nach Iraklion. Probleme könnte die direkte Verbindung Agia Galini–Preveli–Plakias bereiten. Aber die lässt sich mit einem Taxi überbrücken.

Die Rundreise führt durch die Mitte und den Westen Kretas und verbindet viele Highlights: großartige Kulturdenkmäler ebenso wie beeindruckende Insellandschaften und traumhafte Strände. Geschichtlich Interessierte werden etwas mehr Zeit im Archäologischen Museum in **Iraklion** › S. 99 und in **Knossos** › S. 109 verbringen. Auch **Gortis** › S. 121 und **Phaistos** › S. 119 sind beeindruckende Ausgrabungsstätten, noch dazu in eindrucksvoller Landschaft. Danach kann man in den Badeorten an der Südküste wie **Matala** › S. 122 die Seele baumeln lassen. Nicht auslassen sollte man den Strand von **Preveli** › S. 92, einen der schönsten der Insel. Preveli ist per Badeboot auch von **Plakias** › S. 93 aus gut zu erreichen.

In **Chora Sfakion** › S. 68 beginnt dann ein besonderes Erlebnis: eine Schiffsfahrt (› **Tour 14**) entlang der herrlichen Südküste über **Loutro** › S. 70 und **Agia Roumeli** › S. 71 – mit Wanderung in die **Samaria-Schlucht** › S. 70 – nach **Paläochora** › S. 75. In jedem der auf seine Art reizvollen Orte kann man gut einen Tag verbringen, wobei Loutro einen besonderen Höhepunkt darstellt. Verpassen Sie in Paläochora nicht das abendliche Treiben an der Promenade, bevor es mit dem Schiff nach Chora Sfakion zurückgeht.

Von dort fahren Sie dann mit dem Auto nach Norden. **Almirida** › S. 65, ein schöner Ferienort auf der Halbinsel des Kap Drapano, lohnt einen Aufenthalt, bevor es weiter nach **Chania** › S. 59 geht (wer mit dem Bus unterwegs ist, fährt von Paläochora aus direkt dorthin). Chania ist der vielleicht schönste Ort auf Kreta. Wer mediterrane städtische Atmosphäre mag, sollte in einem Apartment in einem der wunderschön restaurierten Altstadthäuser zwei, drei Nächte verbringen. Anschließend lohnt ein Schlenker auf die **Akrotiri-Halbinsel** › S. 64, Drehort des Films »Alexis Sorbas«. Aber die Halbinsel ist auch landschaftlich interessant, es gibt nette Strände und wenig Touristen. Reisende, die es ruhiger und erholsamer mögen, können statt in Chania in Stavros Station machen und die Hafenstadt von hier aus besuchen. Ein ganzer Tag gehört dem »karibischen« Strand von **Elafonisi** › S. 77 ganz im Südwesten der Insel. Zurück geht es entlang der Nordküste nach **Georgioupolis** › S. 67, einem beliebten Ferienort mit breitem Sandstrand. Reisende, bei denen die Zeit noch nicht drängt, haben hier die Gelegenheit zu einer relaxten Auszeit, bevor die Tour nach **Rethimnon** › S. 84 führt. Kunstfreunde sollten dort das Museum für zeitgenössische Kunst besuchen. Ein Dinner am Hafen sorgt für einen gelungenen Abschluss der Rundreise. Eine der besten Adressen für gehobene kretische Küche ist das »Avli« in einem schönen Palazzo. Am letzten Morgen geht es auf der Schnellstraße zurück nach **Iraklion** › S. 98.

Tour 16 Quer über die Insel in einer Woche

Route: **Chania** › **Akrotiri** › **Kap Drapano** › **Kournas** › **Rethimnon** › **Arkadi** › **Bali** › **Iraklion** › **Knossos** › **Lassithi** › **Agios Nikolaos** › **Ierapetra** › **Makrigialos** › **Kato Zakros** › **Vaï**

Karte: Klappe hinten

Distanzen: **Chania** › **Akrotiri** 16 km; **Akrotiri** › **Kap Drapano** 43 km; **Kap Drapano** › **Kournas** 35 km; **Kournas** › **Rethimnon** 23 km; **Rethimnon** › **Arkadi** 24 km; **Arkadi** › **Bali** 35 km; **Bali** › **Iraklion** 50 km; **Iraklion** › **Knossos** 4 km; **Knossos** › **Lassithi** 51 km; **Lassithi** › **Agios Nikolaos** 60 km; **Agios Nikolaos** › **Ierapetra** 35 km; **Ierapetra** › **Makrigialos** 24 km; **Makrigialos** › **Kato Zakros** 78 km; **Kato Zakros** › **Vaï** 34 km

Verkehrsmittel: Am bequemsten reist man per Pkw. Eine Abweichung vom Streckenverlauf ist nötig, wenn man den Linienbus nimmt: Vaï und Kato Zakros erreicht man von Ierapetra aus nur über Sitia.

Die Tour durchquert Kreta fast vollständig von West nach Ost und zeigt dabei die Insel der Götter in ihrer ganzen faszinierenden Vielfalt. Einen vollen Tag sollte man schon für den Ausgangspunkt, **Chania** › S. 59, die wohl schönste Stadt Kretas, einplanen. Einen genauso langen Aufenthalt lohnt aber auch **Rethimnon** › S. 84, das wie Chania mit Altstadt und venezianischem Hafen glänzt. Die Fahrt dorthin führt durch herrliche Landschaften auf der **Akrotiri-Halbinsel** › S. 64, am **Kap Drapano** › S. 66 und bei **Kournas** › S. 67, an Kretas einzigem Süßwassersee. Östlich von Rethimnon lockt das **Kloster Arkadi** › S. 87, das wichtigste kretische Nationaldenkmal. Vorbei an einigen reizenden Nordküsten-Badeorten wie **Panormos** › S. 88 und **Bali** › S. 89 geht es nach **Iraklion** › S. 98 und zum nahe gelegenen **Knossos** › S. 109, das recht anschaulich Einblicke in die minoische Kultur bietet. Über die sehenswerte **Lassithi-Hochebene** › S. 134, die Kornkammer Kretas, erreicht man das hübsche Hafenstädtchen **Agios Nikolaos** › S. 129, ein guter Standort für eine Zwischenübernachtung.

Einige Kilometer hinter Agios Nikolaos – die Strände von Istro laden zu einem erfrischenden Badestopp ein – biegt die Tour an Kretas »Wespentaille«, der schmalsten Stel-

Wahrzeichen von Chania: der Leuchtturm an der Hafeneinfahrt

le der Insel, nach Süden ab und erreicht **Ierapetra** › S. 141, die südlichste Stadt Europas. Den zahlreichen Gewächshäusern in ihrem Rücken zum Trotz haben die Strände zwischen der Stadt und dem beliebten Badeort **Makrigialos** › S. 143 ihren Reiz weitgehend bewahrt. Das östlichste Stück Kretas ist eine menschenleere Landschaft von herber Schönheit. Durch kleine Dörfer und über baumlose Hochebenen geht die Fahrt nach **Kato Zakros** › S. 140, zu einem der bedeutendsten minoischen Paläste, direkt an einem netten Strand mit zwei Tavernen gelegen. Ein Strand ist auch Abschluss und Höhepunkt der Tour: **Vaï** › S. 139. Allerdings erfreut sich der berühmte Palmenhain mit seinem feinsandigen Beach in der Hochsaison größter Beliebtheit. Wer Ruhe sucht, der muss entweder früh da sein oder auf die südlich gelegene Strandbucht ausweichen. Dazu ist dann allerdings eine kleine Kletterpartie nötig.

Infos von A–Z

Autofahren

Deutsche, Österreicher und Schweizer brauchen den nationalen Führerschein. Die grüne Versicherungskarte ist nicht mehr Vorschrift, aber weiter ratsam. Mietwagen reserviert man am besten bereits von zu Hause aus, das ist billiger.

- **Höchstgeschwindigkeit**: in Ortschaften 50 km/h, auf Landstraßen 90 km/h, New Road 110 km/h.
- **Promillegrenze**: 0,5. Achtung: Bei über 0,8 Promille drohen 700 € Geldstrafe und drei Monate Führerscheinentzug.

Barrierefreies Reisen

Barrierefreie Hotels findet man unter www.rollstuhl-urlaub.de/sonstige/griechenland/kreta/, Pauschalreisen unter voni-touristik.de/spezial/barrierefreies-reisen.html.

Diplomatische Vertretungen

- **Deutschland:**
  Iraklion, Odos Dikeossinis 7,
  Tel. 28 10 22 62 88;
  Chania, Goethe-Zentrum,
  Digeni Akrita 1, Tel. 28 21 06 88 76,
  beide: www.griechenland.diplo.de
- **Österreich und Schweiz:**
  Iraklion, Nea Alikarnassos,
  Mafsalou 201 (bei Cretan Holidays),
  Tel. 28 10 33 14 97,
  austrianconsul@cretanholidays.gr

Einkaufen

Beliebte Souvenirs sind Lederwaren, Keramik, Web- und Stickarbeiten, Honig, Olivenöl, Kräutertees und Gewürze.

Einreise

Deutsche, Österreicher und Schweizer Staatsbürger müssen bei der Einreise den Personalausweis vorlegen.

Elektrizität

Die Netzspannung beträgt 220 Volt. Deutsche Schukostecker passen in den meisten Fällen.

Feiertage

- 1. Januar – Neujahr
- 25. März – Nationalfeiertag
- Karfreitag (bis 12 Uhr)
- Ostersonntag
- 1. Mai. – Tag der Arbeit
- 15. August – Mariä Entschlafung (entspricht dem katholischen Feiertag Mariä Himmelfahrt)
- 28. Oktober – Ochi-Tag (Nationalfeiertag)
- 25. Dezember – Weihnachten
- An diesen Tagen bleiben die Museen, Ausgrabungsstätten und Geschäfte generell geschlossen.

FKK

Nacktbaden ist in Griechenland verboten. Die griechische Moral sieht den nackten Körper als anstößig an. Wer also auf das Nacktbaden gar nicht verzichten kann, der sollte dies wirklich nur an gänzlich abgelegenen Stränden tun, an denen sich bestimmt keine Griechen aufhalten. Doch auch in dieser Frage gilt der Relativierungsprozess. In vielen Touristenorten ist »oben ohne« inzwischen bereits wieder aus der Mode.

Fotografieren

In Museen und archäologischen Stätten ist Fotografieren grundsätzlich kostenlos erlaubt. Wer dort Stativ- oder Blitzlichtaufnahmen machen will, muss sich an der Kasse ein zusätzliches Ticket kaufen; mancherorts ist es allerdings ganz verboten. In Kirchen darf man meist nicht fotografieren.

Geld und Preisniveau

Das Preisniveau für touristische Dienstleistungen ist etwas niedriger als in Deutschland.

- Ein Essen in einer einfachen Taverne kostet für zwei Personen inkl. Wein oder Bier etwa 25 €.
- Ein kleiner griechischer Kaffee kostet in einem Dorfkafenion ca. 1 €, in einem besseren Lokal in der Stadt allerdings mehr als das Doppelte.
- Taxi- und Busfahrten sind sehr viel preiswerter als in Deutschland.
- Eintrittsgebühren sind erschwinglich. Für Knossos und das Archäologische Museum in Iraklion zahlt man zusammen 16 €. Studenten zahlen nichts, Rentner aus der EU die Hälfte (unbedingt entsprechenden Ausweis mitbringen!).
- Privatzimmer kosten ab 25 € pro Doppelzimmer, ein Einzelzimmer in einem einfachen Hotel ca. 30 €, aber ohne Frühstück.

Mit Kreditkarten kann man fast überall bezahlen. In allen Städten und größeren Orten findet man Geldautomaten, an denen man mit der EC-/Maestro-Karte Bargeld ziehen kann.

Gesundheit, Krankenvorsorge, ärztliche Versorgung

Es gibt auf Kreta keine besonderen gesundheitlichen Risiken. Das Leitungswasser ist überall trinkbar. Allerdings schmeckt es in den Städten leicht nach Chlor, in den Dörfern kann es je nach Quelle aber ausgesprochen gut sein.

Giftige Schlangen und Skorpione gibt es zwar, aber keine Arten, deren Biss gleich tödlich wäre. Trotzdem tut man gut daran, sich vor Wanderungen über Gefahren zu informieren. Im Hochsommer können Mücken zur Plage werden (Insektenschutzmittel gibt es in Apotheken). Die meisten Medikamente sind billiger als bei uns.

Bei Unfällen wendet man sich an das nächste Krankenhaus oder an ein Gesundheitszentrum *(kentro ijias)*; jede kretische Kreisstadt besitzt eins. Eine Unfallbehandlung oder eine erste Versorgung bei Akuterkrankungen ist dort auch für Touristen kostenlos. Muss ein Arzt gerufen werden, weiß der Hotelier oder Wirt sicher entsprechende Adressen. Niedergelassene Ärzte stellen eine Rechnung aus, die umgehend bezahlt werden muss. Allerdings sind die Arztkosten vergleichsweise niedrig.

Gesetzlich Versicherte können sich mit der Europäischen Krankenversicherungskarte kostenlos von Ärzten der griechischen Krankenversicherung IKA (Zweigstellen in vielen Orten) behandeln lassen. Das ist allerdings recht umständlich. Problemloser ist es, die Arztrechnung selbst zu bezahlen. Ist man gesetzlich versichert, sollte man sich aber erkundigen, ob die Kasse die Kosten erstattet; dazu sollten Sie sich unbedingt vor Ort eine Quittung ausstellen lassen und diese gut aufbewahren! Eine private Auslandskrankenversicherung (erhältlich bereits ab ca. 10 € Jahresbeitrag) deckt solche Risiken ab. Sie sollte nicht nur den medizinisch notwendigen, sondern auch den medizinisch sinnvollen Krankenrücktransport einschließen.

Urlaubskasse	
Frappé	2,50 €
Softdrink (Cola, stilles Mineralwasser)	2 €
Glas Bier 0,5 l	3 €
Souvlaki	6,50 €
Kugel Eis	1 €
Taxifahrt (Kurzstrecke bis 10 km)	11 €
Mietwagen pro Tag	ab 25 €

Haustiere

Hunde und Katzen dürfen nach Griechenland mitgenommen werden. Sie brauchen für die Einreise den EU-Heimtierausweis und den Nachweis einer gültigen Tollwutimpfung; das Tier muss mit einem Mikrochip gekennzeichnet sein. Probleme kann es mit der Hitze im Sommer und den Vermietern geben – Hunde sind in Griechenland nicht immer gern gesehen.

Information

Die Griechische Fremdenverkehrszentrale (EOT) hält gutes bebildertes Prospektmaterial bereit, darunter auch eine spezielle Kreta-Broschüre mit Hotelliste (Vermieter von Privatzimmern sind nicht ausgewiesen). Die kretischen EOT-Büros (Adressen im Reiseteil bei den Orten) haben in der Regel auch Bus- und Schiffsfahrpläne ausliegen.

Griechische Zentrale für Fremdenverkehr (EOT):
- **Deutschland:** Holzgraben 31, 60313 Frankfurt, Tel. 069/2 57 82 70, info@visitgreece.com.de (auch zuständig für die Schweiz)
- **Online-Information der EOT:** www.facebook.com/visitgreece.gr; twitter.com/visitGreecegr; www.youtube.com/user/visitgreece gr; www.visitgreece.gr
- **Österreich:** Opernring 8, A-1015 Wien, Tel. 01/5 12 53 17, grect@vienna.at.
- Greek travel pages: www.gtp.gr

Internetadressen

Wer sich vorab ausführlich über Kreta informieren möchte, der findet im Internet zahlreiche Websites. Im Folgenden eine Auswahl an Adressen:
- www.kreta.de; www.west-crete.com; www.culture.gr;

www.interkriti.org; www.kreta-umweltforum.de

Kirchen und Klöster

Bei einem Besuch von Kirchen und Klöstern sollten Frauen Schultern und Knie bedeckt halten, Männer keine kurzen Hosen tragen. Die Kirchen sind verschlossen, wenn keine Aufsichtspersonen zugegen sind. Man muss dann in der Nachbarschaft fragen, wer den Schlüssel verwahrt – aber bitte nicht während der Siesta. Der Aufschließer erwartet für seine Mühe ein kleines Entgelt. Schließt ein *Papas* (Geistlicher) auf, legt man eine Spende in Form einiger Münzen auf den Opferteller, der gewöhnlich neben den Kerzenbehältern oder am Ausgang steht.

Maßeinheiten

Statt »Liter« geben die Griechen »Kilo« an, die anderen Maße entsprechen denen in Deutschland.

Notruf

- **Polizei:** Tel. 100
- **Erste Hilfe:** Tel. 166
- **Mehrsprachiger EU-Notruf:** Tel. 112
- **Feuerwehr:** Tel. 199
- **Touristenpolizei-Zentrale:** Tel. 171 (24 Std. erreichbar)
- **Pannenhilfe ELPA:** Tel. 1 04

Öffnungszeiten

- **Museen** und **archäologische Stätten** öffnen in der Regel von 8.30–15 Uhr, im Sommer meist bis 17 Uhr und länger, Mo ist geschlossen. Abweichungen sind möglich.
- **Post:** Die Postämter öffnen von 8 bis 14/15 Uhr, in den Städten bis 20 Uhr.
- **OTE** (Telefonamt): unterschiedlich, in größeren Orten ganztags und bis in die Nacht hinein.
- **Banken:** Mo–Fr 8–14 Uhr. Während der Hauptsaison sind viele Banken in

touristischen Zentren auch nachmittags oder abends geöffnet.

- **Restaurants:** Die meisten haben durchgehend geöffnet, ohne Ruhetag.
- **Geschäfte:** Normalerweise 8–14 und 17–21 Uhr. Viele Geschäfte bleiben Mo, Mi und Sa am Nachmittag geschlossen, So den ganzen Tag. Viele Familienbetriebe halten ihre Geschäfte bis spät am Abend geöffnet. Große Supermärkte haben meist durchgehend geöffnet.

Postgebühren

Das Porto für Karten und Briefe kostet 0,80 €. Briefmarken gibt es gegen einen geringen Aufschlag auch an den Kiosken oder in Läden, die Postkarten verkaufen.

Radio und Fernsehen

ET1 sendet täglich um 15 Uhr Nachrichten in englischer, deutscher und französischer Sprache. Viele Hotels haben Satellitenfernsehen und empfangen deutsche Sender.

Sicherheit

Sogar in Griechenland steigt die Kriminalitätsrate. Insgesamt ist sie jedoch niedriger als in Deutschland, sodass über die üblichen Sicherheitsvorkehrungen hinaus keine weitere Vorsorge nötig ist.

Telefon

Telefonkarten gibt es bei der Telefongesellschaft OTE und an Kiosken. Wer als Handy-Benutzer wissen will, wie er an das günstigste Telefonnetz herankommt, sollte sich vor der Reise bei seinem Netzbetreiber informieren.

Die Vorwahl nach Deutschland lautet 00 49, nach Österreich 00 43 und in die Schweiz 00 41. Danach wählt man die Ortskennzahl ohne die Null und dann die Teilnehmernummer. Die Vorwahl von Griechenland lautet 00 30.

Auf Kreta ist immer die komplette zehnstellige Rufnummer zu wählen. Eine Vorwahl im eigentlichen Sinne gibt es nicht.

Toiletten

Man darf auch ohne etwas zu bestellen die Toiletten der Restaurants benutzen. Papier nicht in die Toilette, sondern in den bereitstehenden Korb werfen, da die Abflussrohre verstopfen können!

Trinkgeld

Man rundet um etwa 10 % auf. Trinkgeldempfänger sind Taxifahrer, Zimmermädchen und Kellner (im Restaurant lässt man etwas Kleingeld auf dem Tisch liegen).

Zeit

Ganzjährig gilt die Osteuropäische Zeit (OEZ). Man stellt die Uhr eine Stunde vor. Von Ende März bis Ende Oktober gilt wie bei uns die Sommerzeit.

Zeitungen

Deutschsprachige Zeitungen und Zeitschriften sind in größeren Orten mit einem Tag Verspätung (und Preisaufschlag) erhältlich. Sehr informativ ist die wöchentlich freitags erscheinende »Griechenland-Zeitung«.

Zollbestimmungen

Für Reisende aus Ländern der EU sind 800 Zigaretten, 200 Zigarren, 90 l Wein und 10 l Spirituosen zollfrei.

Für Reisende aus Nicht-EU-Ländern und für Waren aus dem Duty-Free-Geschäft gelten folgende Freimengen: 200 Zigaretten oder 50 Zigarren oder 250 g Tabak, 1 l Spirituosen und 2 l Wein.

Verboten sind die Ausfuhr von Antiquitäten und der Export von Ikonen, die vor 1830 entstanden sind.

Register

Bildnachweis

Coverfoto: Strand von Vaï, Kreta © Shutterstock/Anilah
Fotos Umschlagrückseite: Huber Images/Giovanni Simeone (links); Shutterstock/Karl Allgaeuer (Mitte); gnto (rechts)

Alamy Stock Photo/Cave of Zeus: 91; Alamy Stock Photo/Hercules Milas: 102; APA Publications/Glyn Genin: 43, 71, 77, 121, U2-2; AWL/Christian Heeb: 32; Christoffel/Crispin: 8 o, 9 o, 9 u, 10; Fotolia/lornet: 8 u, 50; Fotolia/Tombaky: 13; gnto: 44, 92; Huber Images/Johanna Huber: 69, 132; Huber Images/Giovanni Simeone: 6, U2-1; istockphoto/creepers888: 112; Jahreszeitenverlag/Arthur F. Selbach: 17, 48, 72, 144; laif/Gamma-Rapho/Patrick de Wilde: 39; laif/Tobias Gerber: 28, 29; laif/Hemispheres: 73; laif/Modrow: 87; laif/Raach: 108; LOOK-foto/age fotostock: 46; LOOK-foto/Jürgen Richter: 20, 26; mauritius images/Catharina Lux: 41; Shutterstock/Caron Badkin: 136; Shutterstock/baldovina: 115, 140; Shutterstock/beerkoff: 81; Shutterstock/cybervervelt: 36; Shutterstock/Digital-Hand Studio: 135; Shutterstock/Dziewul: 27, 52, 94, 122, U2-3; Shutterstock/Inna Felker: 16; Shutterstock/Vladimirs Gorelovs: 99; Shutterstock/Gabriela Insuratelu: 75; Shutterstock/Panos Karas: 40; Shutterstock/leoks: 149; Shutterstock/lornet: 78; Shutterstock/Andy M.: 146; Shutterstock/Irina Mellukh: 14; Shutterstock/Irena Misevic: 128; Shutterstock/Evgeny Murtola: 65; Shutterstock/Andrei Nekrassov: 105; Shutterstock/pamuk: 107; Shutterstock/Asta Plechaviciutes: 35; Shutterstock/Vladimir Sazonov: 124, U2-4; Shutterstock/Mircea Simu: 53; Shutterstock/Tupungato: 61; Shutterstock/Vladimir1984: 23, 138; Shutterstock/VladimirE: 62; stock.adobe.com/tagstiles.com: 118; Wikipedia/CC 2.5/Apeto: 54; Wikipedia/Wolfgang Sauber: 103.

Liebe Leserin, lieber Leser,
wir freuen uns, dass Sie sich für diesen POLYGLOTT on tour entschieden haben.
Unsere Autorinnen und Autoren sind für Sie unterwegs und recherchieren sehr gründlich,
damit Sie mit aktuellen und zuverlässigen Informationen auf Reisen gehen können.
Dennoch lassen sich Fehler nie ganz ausschließen. Wir bitten Sie um Verständnis, dass der
Verlag dafür keine Haftung übernehmen kann.

Ihre Meinung ist uns wichtig. Bitte schreiben Sie uns:
GRÄFE UND UNZER VERLAG
Postfach 86 03 66, 81630 München, Tel. 0 89/419 819 41
www.polyglott.de

LESERSERVICE
polyglott@graefe-und-unzer.de
Tel. 0 800/72 37 33 33 (gebührenfrei in D, A, CH), Mo–Do 9–17 Uhr, Fr 9–16 Uhr

1. aktualisierte Auflage 2018

© 2018 GRÄFE UND UNZER VERLAG GmbH, München
Dieses Buch wurde auf chlorfrei gebleichtem Papier gedruckt.
ISBN 978-3-8464-0268-9

Bei Interesse an maßgeschneiderten
POLYGLOTT-Produkten:
Verónica Reisenegger
veronica.reisenegger@graefe-und-unzer.de

Bei Interesse an Anzeigen:
KV Kommunalverlag GmbH & Co KG
Tel. 089/928 09 60
info@kommunal-verlag.de

Redaktionsleitung: Grit Müller
Verlagsredaktion: Anne-Katrin Scheiter
Autoren: Gerhard Crispin, Claudia Christoffel-Crispin, Dr. Andreas Schneider, Gudrun Raether-Klünker
Redaktion: Gudrun Raether-Klünker; Buch und Gestaltung, Britta Dieterle
Bildredaktion: Barbara Schmid und Anne-Katrin Scheiter
Mini-Dolmetscher: Langenscheidt
Layoutkonzept/Titeldesign: fpm factor product münchen
Karten und Pläne: Theiss Heidolph und Kunth Verlag GmbH & Co. KG
Satz: uteweber-grafikdesign
Herstellung: Anna Bäumner
Druck und Bindung: Printer Trento, Italien

PEFC/18-31-506

GRÄFE
UND
UNZER

Ein Unternehmen der
GANSKE VERLAGSGRUPPE

Mini-Dolmetscher Griechisch

Allgemeines

Guten Morgen.	Καλημέρα.	[kali**mer**a]
Guten Tag.	Χαίρετε.	[**cher**ete]
Guten Abend.	Καλησπέρα.	[kalis**per**a]
Hallo! (du)	Γειά σου!	[ja‿**ß**u]
Hallo! (Siezen und Plural)	Γειά σας!	[ja‿**ß**as]
Wie geht es dir?	Τι κάνεις;	[ti **kan**is]
Wie geht es Ihnen / euch?	Τι κάνετε;	[ti **kan**ete]
Danke, gut.	Καλά ευχαριστώ.	[ka**la** efcharis**to**]
Ich heiße ...	Λέγομαι ...	[**leg**ome]
Auf Wiedersehen.	Αντίο.	[an**dio**]
Morgen	πρωί	[pro‿**i**]
Nachmittag	απόγευμα	[a**po**jewma]
Abend	βράδυ	[**wra**ði]
Nacht	νύχτα	[**nich**ta]
morgen	αύριο	[**awr**io]
heute	σήμερα	[**ß**imera]
gestern	χτες	[**chtes**]
Sprechen Sie Deutsch / Englisch?	Μιλάτε γερμανικά / αγγλικά;	[mi**la**te jerma**nika** / angli**ka**]
Wie bitte?	Ορίστε;	[o**rist**e]
Ich verstehe nicht.	Δεν καταλαβαίνω.	[ðen katala**we**no]
Sagen Sie es bitte nochmals.	Ξαναπείτε το, παρακαλώ.	[ksana**pit**e to paraka**lo**]
..., bitte	..., παρακαλώ	[paraka**lo**]
danke	ευχαριστώ	[efcharis**to**]
Keine Ursache.	Τίποτε.	[**tip**ote]
was / wer	τι / ποιος	[ti / pjos]
wo / wohin	πού	[pu]
wie / wie viel	πως / πόσο	[pos / **po**ßo]
wann /	πότε / πόση ώρα	[**pot**e / **po**ßi **or**a]
wie lange		
Wie heißt das?	Πως λέγεται αυτό;	[pos **lej**ete af**to**]
Wo ist ...?	Πού είναι ...;	[pu **in**e]
Können Sie mir helfen?	Μπορείτε να με βοηθήσετε;	[bo**rit**e na me wo‿i**ß**i**ß**ete]
ja	ναι	[ne]
nein	όχι	[**ochi**]
Entschuldigen Sie.	Με συγχωρείτε.	[me ßingcho**rit**e]
Das macht nichts.	Δεν πειράζει.	[ðen pi**ra**si]
Gibt es hier eine Touristeninformation?	Υπάρχει τουριστικό γραφείο εδώ;	[i**parchi** turisti**ko** gra**fio** e**ðo**]
Haben Sie einen Stadtplan?	Έχετε ένα χάρτη της πόλης;	[**ech**ete ena **chart**i tis **pol**is]

Shopping

Wo gibt es ...?	Πού έχει ...;	[pu **echi**]
Wie viel kostet das?	Πόσο κοστίζει αυτό;	[**po**ßo kos**tis**i af**to**]
Wo ist eine Bank?	Πού υπάρχει μια τράπεζα;	[pu i**parchi mia** tra**pes**a]
Geben Sie mir bitte 100 g (Feta-)Käse.	Παρακαλώ δώστε μου εκατό γραμμάρια τυρί (φέτα).	[paraka**lo do**ste mu eka**to** gra**mar**ia ti**ri** (**fet**a)]
Haben Sie deutsche Zeitungen?	Έχετε γερμανικές εφημερίδες;	[**ech**ete jerma**nikes** efime**rið**es]
Wo kann ich telefonieren / eine Telefonkarte kaufen?	Πού μπορώ να τηλεφωνήσω / να αγοράσω τηλεκάρτα;	[pu bo**ro** na tilefo**niß**o / na ago**ra**ßo tile**kart**a]

Essen und Trinken

Die Speisekarte, bitte.	Τον κατάλογο, παρακαλώ.	[ton ka**ta**logo paraka**lo**]
Was gibt es zu essen?	Τι φαγητά υπάρχουν;	[ti faji**ta** i**parchun**]
Brot	ψωμί	[pso**mi**]
Kaffee	καφές	[ka**fes**]
Tee	τσάι	[**tsa**‿i]
mit Milch / Zucker	με γάλα / ζάχαρη	[me **gal**a / **ßach**ari]
Orangensaft	χυμός πορτοκάλι	[chi**mos** / porto**kal**i]
Einen (griechischen) Kaffee, bitte.	Έναν (ελληνικό) καφέ παρακαλώ.	[**en**an (elli**niko**) ka**fe** paraka**lo**]
Suppe	σούπα	[**ßu**pa]
Fisch	ψάρι	[**psar**i]
Meeresfrüchte	θαλασσινά	[**ß**ala**ß**i**na**]
Fleisch	κρέας	[**kreas**]
Geflügel	πουλερικά	[pule**rika**]
Beilagen	γαρνιτούρα	[garni**tur**a]
vegetarische Gerichte	χορτοφαγικά πιάτα	[chortofa**jika pja**ta]
Eier	αυγά	[**awg**a]
Salat	σαλάτα	[**ß**a**la**ta]
Dessert	επιδόρπιο	[epi**ðorp**io]
Obst	φρούτα	[**frut**a]
Eis	παγωτό	[pago**to**]
Wein	κρασί	[kra**ß**i]
Bier	μπύρα	[**bir**a]
Wasser	νερό	[**ner**o]
Mineralwasser	μεταλλικό νερό	[metalli**ko ner**o]
Limonade	πορτοκαλάδα	[portoka**lad**a]

Meine Entdeckungen

....

....

....

....

....

....

....

....

....

....

....

....

....

....

....

....

....

....

Clevere Kombination mit POLYGLOTT **Stickern**
Einfach Ihre eigenen Entdeckungen mit Stickern von 1–16 in der Karte markieren und hier eintragen. Teilen Sie Ihre Entdeckungen auf facebook.com/Polyglottreisewelt.

Checkliste Kreta

Nur da gewesen oder schon entdeckt?

☐ **Frühstück am Morosini-Brunnen**
In den Cafés am Venizelos-Platz in Iraklion wird die leckere Bougatsa mit viel Puderzucker bestreut. › **S. 13**

☐ **Dakos**
Das knusprige Brot mit dem himmlischen Mizithra-Käse und Tomatenmus muss man einfach probiert haben! › **S. 14**

☐ **Raki**
Die Kreter schwören auf ihren »Klaren«. Und am besten genießt man den Raki im Kreise der Einheimischen, z. B. in Chanias bunter Markthalle. › **S. 61**

☐ **Unterwasserwelt bei Elafonisi**
Bei einer herrlichen Schnorcheltour vor einem der schönsten Küstenbereiche Kretas entdeckt man eine faszinierende Unterwasserwelt. › **S. 77**

☐ **Besuch des Nationaldenkmals**
Schon die großartige Lage auf der Ebene beeindruckt die Besucher des Klosters Arkadi. › **S. 87**

☐ **Ein unvergesslicher Ausblick**
Ein Ausflug zu Prevelis üppig grüner Flussmündung gehört zu den schönsten Touren. › **S. 92**

☐ **Die sinnenfrohe Kultur der Minoer**
Knossos, einst der führende Stadtstaat Kretas, dessen gewaltige Palastanlage in weiten Teilen fantasievoll rekonstruiert wurde, entführt einen in die Welt der Minoer. › **S. 109**

Mitbringsel für daheim

Lederwaren aus Chania: Gute und günstige Taschen bekommt man in der »Ledergasse«. › **S. 61**

Töpferarbeiten aus Margarites: Es gibt sie im traditionellen und modernen Stil. › **S. 88**